KB081088

말투 때문이야!

당신의 말을 아무도 귀담아듣지 않는 건
말투 때문이야!

© 이형숙 2023

인쇄일 2023년 6월 15일
발행일 2023년 6월 22일

지은이 이형숙
펴낸이 유경민 노종한
책임편집 함초원
기획편집 유노북스 이현정 함초원 **유노라이프** 박지혜 **유노책주** 김세민
기획마케팅 1팀 우현권 **2팀** 정세림 유현재 정혜윤 김승혜
디자인 남다희 홍진기
기획관리 차은영
펴낸곳 유노콘텐츠그룹 주식회사
법인등록번호 110111-8138128
주소 서울시 마포구 월드컵로20길 5, 4층
전화 02-323-7763 **팩스** 02-323-7764 **이메일** info@uknowbooks.com

ISBN 979-11-92300-68-9(03190)

당신의ˇ말을ˇ아무도ˌ
귀담아듣지ˇ않는ˇ건〃

말투 때문이야!

이형숙 (말술사) 지음

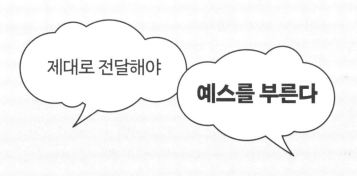

제대로 전달해야

예스를 부른다

유노
북스

나의 진가를 200퍼센트 끄집어내는 책

말하는 것만 들어도 그 사람이 어떤 삶을 살아왔는지, 요즘 어떤 상태인지, 어느 정도의 품격을 가진 사람인지 추측되고는 합니다. 하지만 가끔 예상이 빗나갈 때가 있어요. 알고 보니 정말 괜찮은 사람인데 말투 때문에 평가 절하되는 안타까운 경우입니다. '나'라는 사람의 진가를 100퍼센트, 아니 200퍼센트 보여 주고 싶다면 이 책을 꼭 만나 보세요. 훨씬 좋은 인연을 만나고, 훨씬 좋은 기회를 얻고, 지금보다 훨씬 더 나은 삶을 살 수 있을 테니까요.

김수영(《멈추지 마, 다시 꿈부터 써봐》 저자)

현시대를 살아가는 우리에게는 남 앞에서 말해야 하는 상황이 많습니다. 이때 자연스럽고 당당하게 말하는 능력은 타고나는 것일까요, 노력으로 얻는 것일까요? 늘 궁금했습니다. 이 책은 이 궁금증에 대한 답변입니다. 독자들은 이 책을 통해 자기 안에 숨어 있던 자신감을 발견하고 자신의 말을 효과적으로 전달하는 6단계 방법을 소상히 파악할 수 있습니다. 그리하여 자신의 영향력을 넓힐 수 있는 가장 쉬운 길을 찾게 될 것입니다.

이대원(동국대학교 명예 교수, 전 동국대학교 WISE캠퍼스 총장)

이 책을 먼저 읽은
사람들의 변화

"앵앵거리는 목소리에서 신뢰감을 주는 따뜻한 목소리로"
타로 상담사, 50대

타로 상담사라는 직업을 갖기 위해 큰 도전을 시작했습니다. 목소리부터 자세까지 6단계 말하기 기술을 갈고닦은 덕분인지 운 좋게 타로 강사로 뽑혔고 수강생으로부터 강의가 쏙쏙 잘 들린다는 피드백을 받았습니다. 타로 상담을 한 내담자로부터 목소리가 편안해 상담받는 내내 위로가 됐다는 인사를 받고 나서는 뿌듯하고 행복해서 눈물이 나왔습니다.

"말의 디자인뿐 아니라 하드웨어까지 바꾸는 트레이닝"
기업 중간 관리자, 50대

사회생활 20여 년. 오랜 직장 생활로 지쳤기 때문인지 짜증 섞인 말투와 지시하는 말투가 잘 고쳐지지 않았습니다. 요즘은 출근길의 차 안에서 이 책에 담긴 방법들을 따라 스피치 연습을 합니다. 제 말투의 변화가 스스로도 느껴집니다. 내면에서 우러나오는 긍정적인 생각과 앞으로 얼마나 더 제 가치를 높일 수 있을지에 대한 기대로 심장이 두근거립니다.

"한국에서 가장 발음 좋은 조선족이 될 거예요"
중국어 강사, 40대

중국인에게 한국어를 가르치게 됐습니다. 한국 친구들에게 중국인이냐는 질문을 거의 받지 않아 발음에 자신 있었는데, 첫 수업부터 학생에게 제가 자기처럼 발음한다는 말을 들었어요. 이 책 덕분에 제가 e[으에] 발음의 영향으로 'ㅓ'를 '으어'라고로 읽는다는 사실을 알았습니다. 발음을 교정한 뒤로 사람들이 제게 두세 번 되묻는 일도 확연히 줄었습니다.

"말의 내용만큼이나 전달하는 방식도 중요하다는 걸 알았어요"
크리에이터 겸 작가, 40대

뮤지컬 배우였을 때부터 좋은 목소리에 대한 갈망이 있었습니다. 관객에게 듣기 좋은 목소리와 정확한 메시지를 전하고 싶었기 때문이지요. 책에 담긴 6단계 말하기 기술을 참고해서 정확하게 발음하는 법과 말의 디테일한 부분을 강조하는 법, 이외에도 듣는 사람에게 확 꽂히게 말하는 다양한 '꿀팁'을 배웠습니다. 공부에 대한 진심 어린 태도도 배울 수 있었습니다.

"이제는 학기 초에도 목이 상하지 않아요"
12년 차 유치원 교사, 30대

선천적으로 기관지가 약한데 교사로서 매일 말을 하다 보니 성대 결절이 왔습니다. 그러던 중 이 책을 먼저 읽는 기회를 얻었고, 올바른 호흡법과 발성법을 배웠습니다. 이제는 목이 쉬지 않고 아이들에게 전달력 있게 말하는 방법도 압니다. 현재 저는 교사를 대상으로도 강의를 하고 있습니다. 제가 꿈꾸던 삶을 살게 돼서 기쁩니다.

"제 목소리와 발성이 듣기 싫은 이유를 알게 됐어요"
대학원생, 30대

경상도 사투리를 심하게 썼던 저는 어딜 가든 말투 때문에 따돌림을 당했습니다. 말술사 선생님을 만나고 제 목소리와 발성이 왜 듣기 거북했는지 디테일하게 알 수 있었어요. 책을 다 읽은 후에도 여전히 '사랑이 가득히' 발성 연습을 하고, 여러 사람 앞에서 직접 스피치하며 말하기 능력을 조금씩 발전시키고 있습니다. 실질적인 방법과 힐링을 전부 얻었습니다.

말투 때문에 기회를 놓치는 사람, 말투 덕분에 인생이 바뀌는 사람

'코끼리 족쇄'를 아시나요? 코끼리를 조련할 때 쓰는 쇠사슬입니다. 새끼 코끼리의 발목에 채우면 코끼리가 자유롭게 돌아다니고 싶어도 발이 무거워 멀리 가지 못하지요. 안타까운 점은 어른 코끼리로 성장해 엄청난 힘을 가져도 쇠사슬을 벗어나지 못한다는 것입니다. 족쇄에 익숙해져서 벗어날 수 있다는 생각조차 못하기 때문이에요.

어린 시절, 저는 무대 공포증이 있었습니다. 발표만 하면 울먹거리는 아이였어요. 사람들 앞에 서면 목소리가 작아지고 발음이 우물거리니 언젠가 선생님이 제 앞의 마이크를 툭툭 친 적도 있습니다. 마이크가 고장 났는지 확인한 것이었어요. 저는 그 정도로 말하는 데 자신이 없었습니다. 그러다 보니 아무도 제 말을 귀 담아듣지 않았어요.

이런 경험 있나요? 똑같은 말을 해도 사람들이 옆 친구의 말에 는 집중하고 내 말은 귓등으로 들었던 경험, 발표를 망친 날 밤 잠 도 못 자고 이불 킥을 날리며 부끄러워했던 경험, 열심히 프로젝 트를 준비했는데 말만 잘하는 다른 팀에게 기회를 뺏겨 억울했던 경험, 용기 내서 의견을 냈는데 내 말이 공중으로 흩어져서 결국 입을 닫았던 경험, '목소리가 왜 이렇게 작냐'부터 시작해 '말이 너 무 공격적이다'라고 말투 지적을 받아 당황했던 경험. 저도 비슷 한 경험을 했습니다. 그래서 당당하게 말하는 친구들과 말 한마 디로 이목을 집중시키는 TV 속 아나운서를 늘 동경했습니다.

그랬던 제가 말하기 능력 하나로 낡은 티셔츠를 용달차와 맞교 환하는 데 성공했다면 믿어지시나요? MBC TV 프로그램 〈7일간 의 기적〉에 출연했을 때의 일입니다. 저는 기부 특공대로 선정돼 티셔츠 한 장을 야구 글러브로, 야구 글러브를 프린터기로, 프린 터기를 남해 마늘로 바꿨고, 물물 교환 끝에 용달차를 얻어 홀로 삼 남매를 키우는 한 아버지에게 기부했습니다. 말하는 능력 덕 분에 가능한 일이었지요.

이후에는 자신감을 얻어 아나운서라는 직업에 도전했고 지금 은 귀에 확 꽂히는 말투로 마이크를 잡은 지 12년이 넘은 프리랜 서 아나운서로 활동 중입니다. 사업에 도전해 발표 하나로 정부 지원 사업에서 7,000만 원 상당의 투자금을 따기도 했습니다. 이 모든 경험을 바탕으로 말하기 전문 교육원을 설립했고 많은 수강생의 말투와 인생을 바꿔 주고 있습니다.

말하기 능력은 타고나지 않아도 연습과 도전으로 얼마든지 키울 수 있습니다. 흑역사라는 족쇄에 얽매이기에는 인생이 너무 아깝지 않나요? 족쇄를 부수고도 남을 힘이 이미 우리 안에 충분히 있습니다. 이제 마음껏 목소리를 낼 시간입니다!

전달력 있는 말투가 경쟁력인 이유

우리는 수많은 관계 속에서 살아갑니다. 관계 때문에 울고 웃지요. 때문에 언제나 호감, 인기, 신뢰를 얻고 싶어 합니다. 많은 사람이 패션과 미용에 돈을 쓰고 외모를 가꾸는 이유입니다. 그런데 외모가 잘나도 말 한마디에 이미지가 깨지는 사람이 있고 별거 없는데 왠지 귀 기울이고 관심 갖게 되는 사람이 있습니다.

똑같은 내용의 말도 왜 어떤 말은 소음이 되고 어떤 말은 중요한 말이 될까요? 바로 말투 때문입니다. 말투란 쉽게 말해 '느낌' 입니다. 퉁명스러운 말투, 친절한 말투, 점잖은 말투 등 우리는 말투에서 느낌을 받습니다. '호감'과 '신뢰감'이라는 단어에도 느낌을 뜻하는 '감(感)'이 들어 있지요. 느낌은 친해지고 싶은 사람을 선택하는 일상적인 일에서부터 면접, 발표 같은 경쟁의 상황에서 까지 중요하게 작용합니다. 이처럼 우리는 무언가를 선택할 때 이성 못지않게 느낌의 영향도 받습니다. 상대가 아무리 논리적으로 설득해도 마음이 끌리지 않으면 선택하지 않지요. 따라서 좋은 느낌을 전하고 싶다면 우선 전달력 있는 말투가 필수입니다.

'전달력이 있다'는 말은 귀에 확 꽂히게 말한다는 뜻입니다. 방송에 나오는 아나운서를 떠올려 보세요. 듣기 편하고 울림이 있는 목소리와 또박또박 정확한 발음, 여유 있는 속도, 신뢰를 주는 억양, 중요한 단어가 귀에 쏙쏙 들리게 강조하는 센스, 눈 맞춤과 몸짓 등 자연스러운 자세를 구사하지요.

매력이 자본이 되는 이 시대에 전달력은 경쟁력입니다.

"똑같은 주제로 리뷰 영상을 만들어도 제 채널에는 구독자 반응이 별로 없어요."

1인 방송인의 흔한 고민입니다. 누구나 방송하는 1인 미디어 시대에 어떻게 나를 각인시키고, 끝없이 쏟아지는 말들 사이에서 어떻게 이목을 집중시켜 승기를 쥘 수 있을지 늘 고민하지요. 유튜브, 릴스, 인스타그램 같은 영상 플랫폼부터 목소리만 나오는 팟캐스트까지 다양한 곳에서 스타가 탄생하는 시대입니다. 인기 상승, 수익 창출, 제품 홍보를 위해서는 전달력이 필수가 됐지요.

같은 영화를 소개해도 채널 진행자가 내레이션을 어떻게 하느냐에 따라 반응이 극과 극입니다.

이때 좋은 반응을 얻는 비결이 바로 전달력 있는 말투에 있습니다. 때문에 우리는 상대방의 귀에 그저 들리게 하는 것을 넘어 '잘' 들리게 말해야 합니다. 말의 타율을 높이는 것이지요. 귀에 확 꽂히는 말투를 가졌느냐 아니냐로 인생이 달라집니다.

"미팅을 했는데 이번에도 경쟁사에게 기회를 뺏겼습니다."

직장인의 흔한 고민입니다. 경쟁사가 제시한 조건이 파격적이면 관심의 추가 그쪽으로 기우는 것은 당연합니다. 하지만 조건이 비슷할 때 경쟁 업체 사이에서 비교 우위를 차지하려면 어떻게 해야 할까요? 첫 만남에서 임팩트를 줘야 합니다. '왠지 이 사람과 함께하면 일이 잘될 것 같다!'는 느낌을 전하는 것이지요. 바로 전달력 좋은 말투로요. 말투 때문에 기회를 놓치는 사람과 말투 덕분에 기회를 잡는 사람이 있습니다. 거래처 미팅뿐인가요? 회의, 보고, 프레젠테이션에서도 마찬가지입니다. 동료와 비슷한 의견을 말했는데 상사가 내 말은 귓등으로 듣고 동료에게만 귀를 기울여서 억울한가요? 직장인에게도 전달력은 필수입니다.

말투는 생계의 도구이자 생활의 도구입니다. 직장인부터 강사, 크리에이터, 상담사, 변호사 등 말이 일의 도구가 되는 사람들뿐만 아니라 복잡한 관계를 맺으며 살아가는 이 시대의 모든 사람들에게 필수입니다. 이 책은 여러분이 인생을 꽃피울 수 있도록 돕기 위해 쓰였습니다. 전달력 있는 말투를 배워 일상생활에서부터 일터에서까지 언제 어디서나 활용해 보세요. 한 번 배우면 평생 써먹을 수 있는 최고의 도구입니다.

내 말에 날개를 달아 주는 6단계 말하기 기술

전달력 있는 말투를 가장 효과적으로 배울 수 있도록 6단계의 말하기 기술을 구성했습니다.

1단계 목소리 훈련에서는 발성에 대해 상세히 다뤘습니다. 말을 많이 하면 목이 쉬는 사람, 목소리가 작은 사람, 목소리 톤이 지나치게 높아 앵앵거리거나 너무 낮아서 고민인 사람들에게 특히 좋습니다. 말을 많이 해도 목이 편안하고 울림 있는 목소리를 낼 수 있도록 다양한 발성법을 준비했습니다. 함께 수록된 '목소리 요가'는 아나운서가 방송하기 전에 목의 컨디션을 높이고 마음을 편안하게 만들기 위해 하는 동작들입니다. 매일 아침 보약을 먹듯이 5분씩 꾸준히 이어 가 보세요.

2단계 발음 훈련에서는 자음, 모음을 정확하게 발음하는 방법을 안내합니다. 웅얼웅얼 말하거나, 발음이 새거나, 상대방이 자주 나의 말을 되묻는 경우에 특효약입니다. 눈으로만 볼 것이 아니라 입으로 소리 내는 것이 중요합니다. 틀리는 발음만 따로 적어 두고 집중적으로 연습하면 발음의 정확도가 매우 높아집니다.

3단계 속도 조절 훈련에서는 여유롭게 말하는 기술을 안내합니다. 긴장할 때마다 말의 속도가 빨라지거나 느려지는 것이 고민이라면 연습을 통해 해결할 수 있습니다. 특히 '끊어 읽기'는 베테랑 아나운서도 생방송 전에 준비할 정도로 유용한 기술입니다.

4단계 억양 훈련에서는 세련미, 신뢰감, 친절함이 느껴지는 억양 스킬을 안내합니다. 평소 말투 때문에 무뚝뚝하다는 오해를 받았다면, 말끝을 흐리거나 아이같이 말한다면, 이 단계에서 해결할 수 있습니다. 이 단계에는 특히 음악적인 요소가 많이 들어가 있습니다. 노래를 배우듯이 하나씩 따라 하면 더 재밌습니다.

5단계 강조 훈련에서는 말에 생명력을 불어넣는 방법을 알려 드립니다. 평소 책 읽듯이 밋밋하게 말하지는 않나요? 단조로운 말은 상대방의 귀에 확 꽂히지 않습니다. 아나운서가 중요한 단어에 쓰는 강조 스킬을 통해 여러분의 말에 날개를 달아 보세요.

6단계는 자세 훈련입니다. 이 단계에서는 눈과 귀를 사로잡는 비언어적인 요소에 대해 다뤘습니다. 평소 발표할 때 차렷 자세로 얼어붙어 있다면 여기서 소개하는 동작을 익숙해질 때까지 연습해 보세요. 원고에 의존하지 않고 자연스럽게 말하는 특급 비법도 담았습니다. 끝으로 사람들 앞에서 지나치게 긴장한다면 저의 극복 비법으로 자신감을 키워 보세요. 떨림은 잘하고 싶다는 몸의 신호이니 이를 받아들이는 것부터가 시작입니다.

부록으로 실린 '가장 많이 고민하는 말투 문제 20가지'에는 실제 교육 현장에서 가장 많이 받은 질문과 그에 대한 해결책을 담았습니다. 자신이 갖고 있는 궁금증을 찾아 빠르게 해결하시기를 바랍니다. 시간이 절약되고 공부의 방향이 잡힐 것입니다.

또한 책에서 제시한 6단계의 순서로 배우시기를 권합니다. 시너지 효과를 낼 수 있기 때문입니다. 단, 사람마다 우선적으로 배워야 할 요소가 다를 수 있는데요. 예컨대 발음이 좋지 않다면 발음을 먼저 공부하는 것도 좋습니다. 시급한 부분이 무엇인지 빠르게 파악할 수 있도록 체크리스트를 준비했습니다. 이를 통해 자신의 전달력을 객관적으로 파악하고 나아갈 방향을 잡을 수 있습니다. 이 책에서 제시하는 방법을 따라 하면 여러분 안에 잠든 말하기의 자신감을 깨울 수 있습니다.

혹시 떠올리기만 해도 숨고 싶은 말하기의 기억이 있으신가요? 그 모든 경험은 소중한 밑거름이 돼 많은 사람 앞에서도 자신 있게 말하는 능력을 꽃 피우게 도와줄 것입니다. 시작이 반입니다. 이 책을 펼쳤다는 것만으로도 이미 말하기 자신감에 더 가까워졌습니다. 지금부터 전달력을 키우는 6단계 기술을 배워 보세요.

말이 술술 나오게 도와주는 '말술사' 이형숙 드림

◆ 차례 ◆

| 1단계 | 어떻게 나다운 목소리로 상대를 사로잡을까? | 목소리 훈련 |

내 말을 귀에 확 꽂히게
전달하기 위한 준비 운동

내 목소리의 전달력
파악하기

　본격적으로 6단계 말하기 기술을 배우기 전에, 목소리를 기록하고 자신의 전달력을 파악해 봅시다. 목소리를 객관적으로 듣기 위해서는 녹음할 필요가 있습니다. 처음에는 어설프게 들리고 고쳐야 할 점이 많이 보이겠지만 그렇다 할지라도 자신의 목소리를 사랑하는 것이 핵심입니다. 누구에게나 처음이 있습니다. 무작정 고치려고 하지 말고 있는 그대로를 들어 보세요. 어떤 목소리든 장점이 있기 마련입니다.

　녹음하는 방법을 배우기 전에 유의 사항이 있습니다.

첫째, 녹음한 후에는 저장해서 보관하세요. 그래야 훈련 후의 목소리와 비교하며 얼마나 성장했는지 가늠할 수 있습니다.

둘째, 되도록 한 번에 녹음을 끝내세요. 목소리를 객관적으로 파악하기 위함입니다. 발음이 꼬이거나 원고를 틀리게 읽어도 괜찮습니다.

셋째, 연습하지 마세요. 평상시의 실력을 파악하는 것이 중요합니다. 있는 그대로를 담으세요. 자신의 생각을 말할 때도 꾸미지 말고 떠오르는 대로 말하는 것이 좋습니다.

원고를 읽으며 녹음하기

다음의 원고를 읽으며 목소리를 녹음해 보세요.

사람 말을 하는 코끼리가 있다면 믿으시겠습니까? 경기도 용인의 동물원에는 말하는 코끼리 '코식이'가 있습니다. 지난 달 "좋아", "안돼", "앉아" 등 사람의 말을 한 것으로 밝혀졌습니다. 코식이는 혀 대신 긴 코를 조음기관으로 사용하는데, 입 안에서 코를 흔들고 공기를 조절해 사람의 말소리를 흉내 낸 것으로 나타났습니다. 코식이의 발성을 연구한 논문이 세계적인 학술지 〈커런트 바이올로지〉 온라인 사이트에 게재됐습니다.

자유롭게 말하며 녹음하기

'내가 전달력 있는 말투를 배우는 이유'를 주제로 1분 동안 자유롭게 말하며 녹음해 보세요.

안녕하세요? ○○○입니다.

제게 '말투' 또는 '말하기' 하면 떠오르는 기억은 _____입니다.

이 수업을 통해 _____ 모습으로 성장하고 싶습니다.

목소리 모니터링하기

앞서 소개한 순서대로 목소리를 녹음했나요? 거듭 말하지만 이 과정은 꼭 필요합니다. 녹음된 목소리는 다른 사람들이 듣는 여러분의 목소리이므로 객관적으로 파악하기 더욱 쉽습니다. 녹음한 후에는 조용한 곳에서 자신의 목소리를 들어 보세요. 처음에는 꽤 민망할 수도 있습니다. '내 목소리가 이랬다고?' 하는 생각에 자괴감이 들 수도 있어요. 하지만 그럴수록 용기를 내고 자신의 목소리를 마주해야 변화가 시작됩니다. 녹음한 목소리를 들었다면 다음의 두 가지를 생각해 보세요.

1. 내 목소리의 장점이 무엇인가?
2. 내 목소리에서 보완할 점이 무엇인가?

그다음 체크리스트를 작성해 보시기 바랍니다. 녹음본을 듣고 들었던 생각뿐 아니라 일상에서의 경험도 함께 떠올려 보세요.

체크리스트 맨 오른쪽에 위치한 '요소'는 해당 문항에 대한 해법입니다. 예를 들어 '목소리 자체에 힘이 부족하다'면 발성을 집중적으로 배우는 것이 좋습니다. 참고로 호흡과 발성은 이 책의 1단계 목소리 훈련에서 성장시킬 수 있습니다.

전달력 체크리스트	V	요소
짧은 문장을 읽을 때도 숨이 찬다		호흡
긴장하면 목소리가 떨리기 시작한다		호흡
목소리 자체에 힘이 부족하다		발성
목이 잘 쉬고 목소리가 자주 갈라진다		발성
목소리의 톤이 너무 높아서 앵앵거린다		발성
목소리의 톤이 너무 낮아서 둔해 보인다		발성
콧소리가 과해서 부담스럽다는 말을 자주 듣는다		발성
우물우물하는 발음 때문에 상대방이 자주 되묻는다		발음
특정 발음이 새거나 부정확하다		발음
말하는 속도가 빨라서 말이 후루룩 흘러가고 조급해 보인다		속도
말하는 속도가 느려서 상대방이 자주 답답해한다		속도
사투리를 고치고 표준어를 배워 아나운서의 세련미를 갖고 싶다		억양
툭툭 뱉는 말투 때문에 차갑다는 오해를 산다		억양
목소리나 말투가 애 같다		억양
책 읽는 것처럼 밋밋하게 말해서 듣는 사람이 지루해한다		강조
발표 대본을 통으로 외우다 보니 발표할 때 다음 말을 잘 까먹는다		암기
발표만 하면 차렷 자세로 얼어붙어 아마추어처럼 보인다		자세
0개: 축하합니다. 전달력 있는 말투를 가지셨군요! 1개: 해당 요소를 집중적으로 연습해 보세요. 2개 이상: 체계적인 6단계 말하기 기술을 공부해 보세요.		___개

하루 10분,
자투리 시간의 기적

전달력 있는 말투는 자동차 운전과 비슷합니다. 몸으로 익혀야 하기 때문입니다. 운전 학원 선생님이 아무리 쉽게 설명해도 스스로 연습하지 않으면 운전하는 법을 체득할 수 없습니다. 요리, 피아노 연주, 자전거 타기, 영어, 운동도 마찬가지입니다. 무언가를 배울 때는 충분히 연습할 시간이 필요합니다.

연습 시간이 얼마나 필요한지는 사람마다 다릅니다. 많은 수강생을 만나 본 결과, 하루에 1시간씩 연습한다고 하면 보통 8주부터 변화가 시작됐습니다. 전달력 있는 말투를 갖게 되는 데는 약 두 달이 걸리는 셈이지요. 물론 이것은 평균치입니다. 사람에 따라 변화가 나타나는 속도가 다릅니다. 그래서 저는 이 책에서 넉넉잡아 3개월의 연습 시간을 권합니다.

어떤 식물이든 꽃을 피우기 위해서는 시간이 필요합니다. 성장에는 시간이 필수지요. 따라서 연습 시간을 확보하지 못한다면 전달력 있는 말투로 성장할 수 없습니다. 전달력 있는 말투의 8할 이상이 연습에 달렸다고 해도 과언이 아닙니다.

100일간 하루 1시간만 연습해도 변화가 보일 것입니다. 그러나 바쁜 현대 사회에서 매일 1시간을 통으로 할애하기란 쉽지 않습니다. 그래서 티끌 모아 태산이 되듯 틈새 시간을 활용하는 것을 적극 추천합니다. 10분 또는 5분의 자투리 시간을 모아서 하루에 최소 1시간을 채우는 방법입니다. 물론 여유가 된다면 1시간을 통으로 내서 연습해도 좋습니다.

재미 붙여 매일 두세 시간씩 연습할 분도 대환영입니다. 시간을 많이 들일수록, 연습을 오래 지속할수록 말하기 실력이 빠르고 탄탄하게 성장하니까요. 무엇보다 중요한 것은 '매일' 연습하는 것입니다. 일주일에 한 번 서너 시간씩 몰아서 하기보다 적게라도 매일 해야 합니다. 말이란 습관이기 때문입니다. 습관을 들이려면 꾸준해야 합니다. 10분 정도의 자투리 시간으로 가볍게 연습을 시작하는 것도 좋습니다. 조바심을 내지 않고 서서히 시간을 늘리는 것이 좋은 방법입니다.

이제 많은 수강생이 효과를 봤던 틈새 시간을 공략하는 방법을 알려 드리겠습니다. 각자 생활 패턴에 맞는 방법을 선택해 보세요. 여러분의 성장을 돕기 위해 이 책의 1단계부터 5단계까지 말술사가 녹음한 스피치 MP3의 큐알 코드를 수록했습니다. 이를 틈새 시간에 충분히 활용하면 더욱 빨리 성장할 수 있습니다. 다양한 정보를 함께 접하고 싶다면 큐알 코드 대신 '말술사' 유튜브 채널이나 '말이술술' 공식 홈페이지를 이용하는 것을 추천합니다.

아침에 일어날 때 알람으로

기상 시 듣는 스마트폰의 알람음을 스피치 MP3로 설정합니다. 다른 시간에도 알람을 맞춰 일상에서 자주 들어 보세요. 듣기 연습을 자주 하면 억양, 속도, 발음 등 말투의 여러 요소를 개선하는 데 많은 도움이 됩니다. 흉내 내듯 소리 내어 따라 해도 좋습니다.

출근 준비할 때 욕실에서

양치질을 하거나 세수, 샤워를 할 때 욕실에 스피치 MP3를 틀어 놓고 소리 내어 연습합니다. 아침에 욕실에서 목을 풀면 오후에 좀 더 편하게 말할 수 있습니다. 샤워기에서 따뜻한 물이 나오면 욕실은 수증기로 가득 찹니다. 이때 코와 입으로 수증기를 들이마시면 성대가 촉촉해져서 발성 연습에 도움이 됩니다. 목 컨디션이 안 좋을 때도 이 방법으로 목을 푸는 것을 추천합니다.

외출하기 전에 거울 앞에서

욕실 거울에 발음표를 붙여 놓고 소리 내어 연습합니다. '발음표'란 '아', '야', '어', '여', '오', '요' 등 다양한 발음을 표로 정리해 둔 것을 말해요. 주로 방송을 앞둔 아나운서들이 정확한 발음을 연습할 때 사용합니다. 발음표는 이 책의 2단계에서 볼 수 있습니다. 이 부분을 오려 거울에 붙여 보세요. 거울을 보고 발음 연습을 하면 입 모양을 확인할 수 있어서 좋습니다. 마찬가지로 화장대 거울에 붙여 화장하는 시간에 연습해도 좋습니다. 외출하기 전에 현관 거울 앞에서 잠시 시간을 내는 것도 좋습니다. 거울이 없다면 자주 지나다니는 동선의 벽에 발음표를 붙이는 것도 좋습니다. 자주 보일수록 자주 실천하기 마련이니까요.

이동 시간에 대중교통 안에서

출근길의 차 안에서 스피치 MP3를 들어 보세요. 입으로 소리 내며 따라 해도 좋습니다. 단, 운전 시에는 안전에 주의해야 합니다. 자동차로 출근하는 사람이라면 10분 일찍 나와 주차장에서 연습해도 좋습니다. 퇴근 후 주차장에서 10분의 시간을 내는 것도 좋아요. 이동하는 차 안에서 MP3를 듣기만 해도 억양, 발음, 속도 등의 세밀한 스킬을 귀로 익힐 수 있습니다.

지하철, 버스 등 대중교통을 이용한다면 더더욱 듣기에 집중해 보세요. 말술사의 음성뿐만 아니라 훈련하면서 녹음했던 자신의 음성을 모니터링하는 것 또한 좋습니다. 자신의 음성에서 좋은 점, 보완할 점을 최소 한 개씩 찾아 스마트폰에 메모하세요. 매일 스피치 노트를 쓰면 단단한 기본기를 만들 수 있습니다.

점심 식사 후 한숨 돌리며

일터 또는 학교에서 점심 식사를 한 뒤 한적한 곳을 찾습니다. 자동차 안이나 옥상처럼 인적이 드문 곳이 좋습니다. 연습하는 소리가 다른 사람에게 들리지 않아야 마음 편히 연습할 수 있기 때문이지요. 각 단계마다 나오는 '~로 살아 보기' 실습 원고를 소리 내어 연습하거나 녹음해 보세요. 평소에 책을 들고 다니거나,

연습하기 좋게 실습 원고만 스마트폰 카메라로 찍어 보관해도 좋습니다. 일주일간 하나의 원고를 연습한다면 7일째 되는 날에는 원고를 보지 않아도 입으로 외울 수 있을 것입니다. 이런 식으로 매주 하나의 원고를 연습하면 실력이 쑥쑥 올라갑니다.

막간을 이용해 화장실 안에서

휴대 전화의 바탕 화면을 이번 주에 연습할 원고의 이미지로 설정합니다. 화장실에 갈 때마다 그것을 보며 소리 내어 연습합니다. 원고 하나를 소리 내서 읽기가 부담스럽다면 자주 틀리는 발음이 들어 있는 단어를 읽는 것도 좋아요. 누구나 연습하다 보면 자주 틀리는 발음이 있기 마련입니다. 그 발음이 담긴 단어를 휴대 전화 메모장에 적어 두거나 사진으로 찍어 바탕 화면으로 지정하면 보일 때마다 연습하게 돼 편합니다. 휴대 전화를 가져가지 않았다면 발성 연습을 해도 좋습니다. 이 책의 1단계에 나오는 목소리 요가 중에서 '사랑이 가득히' 발성법을 추천합니다.

퇴근 후 운동하면서

MP3를 들으면서 할 수 있는 운동이라면 무엇이든 좋아요. 그 중에서도 걷기 운동을 추천합니다. 집에서 일터까지 편도 30분 거리라고 가정하면 출퇴근길을 왕복할 때 1시간 동안 연습할 수 있습니다. 길거리에서 소리 내어 연습하는 것이 부담스럽다면 마스크를 착용하는 것도 좋습니다. 요즘은 미세 먼지, 황사, 바이러스 등으로 인한 질병을 예방하기 위해 흔히 마스크를 쓰므로 일석이조의 효과를 볼 수 있습니다.

오로지 연습에 집중하는 1시간

오후보다는 오전을 추천합니다. 오전 연습으로 목이 풀리면 오후에 사람들과 이야기하면서 하루 종일 스피치 연습을 할 수 있기 때문이에요. 오전에 시간이 안 되더라도 괜찮습니다. 점심이든 저녁이든 밤이든 매일 하는 것이 가장 중요하니까요.

스마트폰으로 자신이 말하는 모습을 촬영해 보세요. 영상 촬영이 여의치 않은 날에는 녹음으로 대체해도 좋습니다. 또한 거울로 표정과 입 모양, 몸짓을 확인하면서 연습하면 좋습니다. 아나운서 지망생들도 사방이 거울로 둘러싸인 작은 방에서 카메라 한 대를 고정해 두고 연습합니다. 똑같은 환경을 만들지는 못하더라도 거울과 스마트폰을 활용하면 효과는 배가 됩니다.

어떠세요? 각각의 방법에 10분만 써도 하루 1시간은 거뜬히 연습할 수 있습니다. 또는 나에게 맞는 새로운 방법을 찾아도 좋습니다. 핵심은 하루 1시간을 채우는 것입니다. 푼돈으로 목돈을 만들고, 목돈을 투자해 부자가 되는 것처럼 틈새 시간을 활용해 귀에 확 꽂히는 말투로 성장하기를 바랍니다.

아직도 시간이 없다는 핑계에 숨어 있는 분 있나요? 그렇다면 지금 스마트폰에서 인터넷, SNS, 동영상의 시청 시간을 살펴보세요. 자투리 시간도 모으면 의외로 많습니다. 그럼에도 시간이 넉넉지 않게 느껴진다면 말하기 연습이 우선순위에 들지 않았을 확률이 높습니다. 못해도 하루 10분은 내야 전달력을 성장시킬 수 있습니다. 우선순위를 재정비해 보세요.

자투리 시간의 활용이 참 놀랍습니다. 아무리 짧은 연습도 거듭하다 보면 가랑비에 옷 젖듯 큰 습관이 될 것입니다. 직장인, 프리랜서, CEO, 주부, 학생 등 직업에 따라 하루가 다르게 흘러갑니다. 지금부터 자신에게 맞는 연습 방법을 정해 보세요. 나 자신과의 약속입니다.

작심삼일을 타파하는
3단계 계획법

저는 과거에 작심삼일 유형이었습니다. 연습 계획을 거창하게 세우고 3일을 하다가 지쳐서 그만두고는 했죠. 작심삼일을 반복해 6일, 9일, 12일을 이어 가는 것도 방법입니다. 하지만 저는 도중에 포기했습니다.

왜 그랬을까요? 제 능력치보다 무리한 계획을 세웠기 때문입니다. 왜 계획을 무리하게 세웠을까요? 빠르게 결과를 내고 싶었기 때문입니다. 왜 빠르게 결과를 내고 싶었을까요? 사람들에게 보여 주고 인정받고 싶었기 때문입니다. 왜 타인에게 인정받고 싶었을까요? 나를 믿고 인정하는 마음, 즉 자기애가 부족했기 때문입니다. 작심삼일의 악순환은 이렇게 발생합니다.

타인의 인정에 집착해 거창한 계획을 세운다.
→ 작심삼일.
→ 며칠 뒤 다시 연습 계획을 세운다. 연습 안 한 날을 만회하기 위해 더욱 무리하는 계획을 세운다.
→ 작심삼일의 반복.
→ '난 뭘 해도 안 되는 사람이야'라는 자기 비난에 빠진다.
→ 스스로에 대한 신뢰도가 점점 떨어진다.
→ 자기가 자신을 괴롭히는 악순환에 빠진다.

인정받고 싶은 마음 자체가 잘못됐다는 말은 아닙니다. 하지만 말하기 연습의 목적이 타인의 인정에 있다면 참으로 슬픈 일입니다. 목적은 나 자신의 인정에 있어야 건강합니다. 결과보다 하나하나의 과정을 즐길 수 있으니까요. 오래 즐길 수 있어야 오래 지속할 수 있습니다. 원하는 결과를 얻기도 더욱 쉬워집니다.

스피치 연습을 하다 보면 때때로 스스로가 기대한 만큼 해내지 못하는 모습을 보기도 합니다. 나 자신이 꼴 보기 싫어지는 날조

차 스스로를 받아들여야 합니다. 그래야 또 앞으로 나아갈 수 있습니다. 우리는 전달력 있게 말하는 방법을 배우고 있지만 자신을 사랑하는 방법을 배우는 것이기도 합니다. 자신을 진정 사랑한다면 지킬 수 있는 약속을 해 주세요. 시간이 걸리더라도 과정을 하나씩 즐겨 보세요.

만약 하루에 영어 문장을 한 개씩 외우면 어떨까요? 어떤 사람은 그것도 한 것이냐고 혀를 찰지도 모릅니다. 하지만 거창한 계획을 세우면 3일이 지난 후 또다시 미루게 될 것입니다. 그리고는 내년 새해 계획에 또 영어 공부를 넣겠지요. 하루에 한 문장이면 어떻습니까? 1년이면 365개의 문장을 외우는 것입니다. 무려 회화 패턴이 생기는 것이지요. 물론 더 외우고 싶은 날이 있다면 더 외우면 됩니다. 그러면 그날은 계획 이상의 성과를 낸 날이 되겠지요. 이는 자신과의 약속을 지키는 일이므로 자신에 대한 신뢰도가 높아질 것입니다.

결국 말도 연습입니다. 적은 연습량부터 채워야 나중에 많은 연습량을 해낼 수 있습니다. 적은 연습량이 모이고 모여서 실력이 빛을 발하기 마련입니다. 이를 위해 실행의 수준을 크게 세 가지로 나누기를 권합니다. 심리학자 라라 E. 필딩이 《홀로서기 심리학》에서 소개한 방법으로, 제가 직접 체험하고 수강생을 대상으로 교육했을 때 가장 효과적이었던 방법입니다.

가볍게 아침 운동으로 예시를 들겠습니다. 실행 수준을 크게

'최상', '만족할 만한', '허용 가능한'으로 나누겠습니다.

- 목표: 매일 아침 운동하기
- 최상의 실행 수준: 1만 보 걷기
- 만족할 만한 실행 수준: 5,000보 걷기
- 허용 가능한 실행 수준: 침대에서 스트레칭하기

최상의 실행 수준은 1만 보 걷기입니다. 여기서 '최상'이라 함은 평상시 자신이 하고자 하면 충분히 해낼 수 있는 수준입니다. 만약 계획이 자신에게 버겁다면 5,000보 또는 1,000보로 줄이는 식으로 자신의 수준에 맞추는 것이 핵심입니다. 다음으로 만족할 만한 실행 수준은 5,000보 걷기입니다. 바쁜 일정이 생겼거나 늦게 일어났을 때의 실행 수준을 말합니다. 끝으로 허용 가능한 실행 수준은 누군가와 다투는 등의 이유로 기분이 몹시 안 좋아 아무것도 하기 싫을 때 혹은 몸이 아플 때도 할 수 있는 정도입니다. 그래서 침대에서 스트레칭하는 것으로 정했습니다. 이 정도는 할 수 있기 때문입니다. 그리고 이것 또한 운동이니까요.

이렇게 실행 수준을 세 가지로 나누면 변수가 많은 하루하루에도 나와의 약속을 지킬 수 있습니다. 실제로 저는 이 방법으로 수년째 아침 운동을 하고 있습니다.

이를 전달력 있는 말투 연습에 적용해 보겠습니다.

- 목표: 전달력 있는 말투 연습하기
- 최상의 실행 수준: 1시간 연습하기
- 만족할 만한 실행 수준: 30분 연습하기
- 허용 가능한 실행 수준: 스피치 MP3 듣기

위 계획은 초심자를 위한 연습 수준입니다. 허용 가능한 실행 수준에서는 듣기 전략을 세웠습니다. 아무리 기분이 안 좋고 몸이 안 좋은 날에도 귀로 듣는 것은 가능하기 때문입니다. 물론 중병으로 입원하는 등 심각한 경우는 제외지요. 또한 잘못된 발성으로 목소리가 쉬었다면 회복부터 해야 합니다. 이런 날 무리해서 연습하면 목이 더욱 쉴 수 있어요. 발성하는 방법을 제대로 모르기 때문입니다. 쉴 때는 쉬어야 말투 훈련에도 도움이 됩니다. 이런 날 조차도 자신을 있는 그대로 받아들이세요.

일단 계획을 정하면 마음이 얼마나 든든한지 모릅니다. 시간이 모자라다거나 컨디션이 안 좋다는 핑계로부터 나와의 약속을 지켜 낼 수 있습니다. 단, 허용 가능한 수준으로 매일의 연습을 채우면 성장이 더딜 수밖에 없습니다. 한 달 이상을 허용 가능한 수준으로 채웠다면 실행 수준을 다시 점검하기를 바랍니다. 최상의 수준과 만족할 만한 수준이 너무 높았던 것은 아닐까요? 그럼 앞서 제시한 예시를 참고해 자신만의 계획을 정해 보세요.

다음은 일주일의 계획을 보기 좋게 체크하는 연습표의 예시입니다. 연습표를 만들어 해당하는 수준에 매일 체크해 보세요. 자주 다니는 동선에 이 연습표를 붙여 두는 것도 좋은 방법입니다.

수준	실행 내용	1일	2일	3일	4일	5일	6일	7일	보상
최상	1시간 연습	V			V				
만족	30분 연습		V	V			V	V	치킨
허용	MP3 듣기					V			

- 최상: 평소 때. 틈새 시간을 모으거나 시간을 통으로 낸 날
- 만족: 바쁠 때. 급한 일을 처리하느라 시간이 모자란 날
- 허용: 힘들 때. 건강이나 관계 문제로 심신이 좋지 않은 날
- 보상: 일주일간 약속을 지킨 자신에게 주는 작은 선물
  예) 영화 보기

성장의 재미를 알려 주는 연습 일지

조급한 마음은 전달력 향상에 도움이 되지 않습니다. 저 역시 조급한 마음 때문에 스피치를 망친 적이 있습니다. 좋은 결과를 내려면 현재, 즉 '지금 여기'에 집중하며 연습해야 합니다. 원하는

만큼의 결과를 내지 못하더라도 괜찮아요. 그 또한 경험이므로 스스로에게 이득입니다.

연습할 때는 오늘 자신의 어떤 부분이 성장했는지 체크해 보세요. 참 재밌습니다. '와'가 제대로 발음되지 않는 경우로 예를 들어 보지요. 성장 일지에 '보완'을 [보안]으로 잘못 발음했다고 적는 것입니다. 성장 일지라고 해서 거창할 필요 없습니다. 스마트폰의 메모장에 간단히 적는 것도 좋아요. 이 기록들은 말하기 자신감의 근거가 될 것입니다. 성장 일지를 쓰다 보면 어느 날 한 번에 [보완]이라고 정확히 발음하는 날이 옵니다. 그때의 기쁨을 누려 보셨으면 좋겠어요.

＿년 ＿월 ＿일
- 좋았던 점: [겨드랑이]를 정확하게 발음했다. 예전에는 [거드랑이]라고 발음했다.
- 보완할 점: '보완'을 [보안]이라고 잘못 발음했다. '제가 이렇게 보완하겠습니다'라는 문장 열 번 연습하기.

자신의 목소리를 모니터링할 때는 좋았던 점을 최소 하나는 꼭 적어 주세요. 장점이 없는 목소리는 세상에 존재하지 않습니다. 긍정적인 부분을 적어야 자신의 목소리를 사랑하는 마음이 커집니다. 그리고 보완할 점도 하나 적어 보세요. 처음에는 좋은 점보다 보완해야 할 점이 훨씬 많을 것입니다. 그래도 괜찮으니 자신의 귀에 들리는 대로 적어 보세요.

모니터링	장점	보완
1일		
2일		
3일		
4일		
5일		
6일		
7일		
총평		

위의 표는 일주일간의 연습과 모니터링을 통해 장점과 보완할 점을 기록할 성장 일지 양식입니다. 표를 참고해 성장의 재미를 느껴 보세요.

어떻게
나다운 목소리로
상대를
사로잡을까?

| 목소리 훈련 |

"개미처럼 작은 목소리"에서
"울림이 있는 큰 목소리"로

"아이 같은 목소리"에서
"신뢰를 주는 목소리"로

"나와 맞지 않는 목소리"에서
"나만의 특색이 있는 목소리"로

"자주 갈라지는 거친 목소리"에서
"편안하고 매력적인 목소리"로

똑같은 말도
다르게 들리는 이유

· 전문가 목소리 ·

  흔히 사람들은 말을 잘하는지 아닌지를 판단할 때 논리력을 기준으로 삼고는 합니다. 말을 조리 있게 하는 능력이 그만큼 중요합니다. 자신에게 논리적으로 말하는 능력이 부족하다고 판단된다면 그 능력을 키우시기를 권합니다. 하지만 논리적이라고 해서 반드시 말을 잘한다고 할 수 있을까요?

  논리력이 필수적인 대표 직업, 변호사를 예로 들어 봅시다. 저를 찾아오는 수강생 중에는 변호사와 교수를 비롯해 논리력이 좋은 사람이 많습니다. 말을 잘하기 위해 필요한 것이 정말 논리력뿐이라면 그분들이 저를 찾아올 일도 없었겠지요. 제게 이런 질문을 많이 합니다.

"분명히 제가 더 논리적인데 고객들이 다른 변호사의 말에 더 집중해서 고민입니다."

왜 그럴까요? 바로 목소리 때문입니다. 목소리는 말의 내용을 전달하는 도구입니다. 목소리의 전달력이 좋아야 논리력이 함께 빛을 발합니다. 이 두 능력은 동전의 양면처럼 붙어서 서로에게 영향을 주지요.

그러나 가끔 외모가 그 이유가 되기도 합니다. 더 신뢰가 가거나 더 매력적인 외모를 가진 사람에게 주목하게 되는 것이지요. 그래서 우리는 외모 경쟁력을 갖추기 위해 정장을 말끔하게 차려입는 등 여러 노력을 기울입니다. 하지만 외모로 주목을 받으려면 국보급 미남 미녀 정도는 돼야 합니다. 성형 의학이 발전했지만 외모 경쟁력에는 어느 정도 한계가 있습니다.

결국 답은 목소리입니다. 목소리로 경쟁력을 높이세요. 더욱 나다운 목소리로 말해 보세요. 울림을 주는 발성, 또박또박 정확한 발음, 여유 있는 속도, 신뢰를 주는 억양, 중요한 단어가 귀에 확 꽂히게 하는 강조법 등 '전문가 목소리' 스킬을 배워 보세요. 똑같은 말을 해도 더 중요하게 들려 어디서나 쉽게 주목받을 수 있습니다.

짧은 만남으로 상대를
사로잡는 전문가의 비밀

'전문가 목소리'란 쉽게 말해 자신의 전문 분야를 자신감 있게 말하는 능력을 일컫습니다. 방송에 나오는 아나운서를 떠올려 보세요. 발성, 발음, 속도, 억양, 단어 강조, 몸짓이 자연스럽습니다. 즉 전문가 목소리는 정성스러운 포장지와 같습니다. 선물을 줄 때 내용물에 어울리는 포장지에 싸야 마음이 제대로 전달되는 것과 같습니다. 여기서 내용물이란 자신이 한 분야에서 쌓은 능력을 일컫습니다. 이 능력을 효과적으로 어필하기 위해서 전문가 목소리가 필요한 것입니다.

참고로 여기서 말하는 '전문가'란 의사나 변호사처럼 자격증이 있는 직업군만을 일컫는 것이 아닙니다. 출판사에서 편집자로서 경력을 쌓은 사람 또한 전문가입니다. 동네의 합기도 관장님도 전문가입니다. 특정 분야에서 오랫동안 경력을 쌓은 사람이라면 모두 전문가입니다.

그런데 이런 전문가들을 볼 때 안타까운 경우가 많습니다. 능력이 있음에도 그것을 잘 표현하지 못하는 경우입니다. 출판사의 편집자로 예를 들어 볼까요? 이 책을 출간하기 전, 저는 작가로서 여러 편집자와 미팅을 했습니다. 제시하는 계약 조건도 중요하지만 제게는 그와 똑같은 비중으로 '느낌'이 중요했습니다. '이 출판사와 함께하면 잘되리라'는 느낌 말입니다. 달리 말하면 '신뢰', '호감'이라고 할 수 있겠지요. 우리는 무언가를 선택할 때 이성으로만 판단하지 않습니다. 감성 또한 판단의 중요한 요소입니다. 제가 선택하지 않은 출판사에서는 앞서 말한 느낌을 받지 못했습니다. 말투에서 한 분야의 전문가에게서 묻어나는 신뢰가 느껴지지 않았던 것입니다.

이번에는 편집자의 입장에서 생각해 볼까요? 직업 특성상 편집자는 예비 작가부터 스타 작가까지 외부에서 미팅을 하는 경우가 많습니다. 좋은 작가를 만나 좋은 책을 만드는 것은 출판사가 생존하기 위한 방법이지요. 이 때문에 편집자에게 외부 미팅은 중요합니다. 스타 작가 같은 경우에는 특히 함께 일하고 싶다고 연락하는 출판사가 많기에 그들과의 경쟁에서 이겨야만 계약이 성사됩니다. 그리고 보통은 첫 미팅에서 작가가 자신과 계속해서 논의를 이어 갈지 말지가 정해지고는 합니다. 두 번째 기회는 잘 없지요. 냉정한 비즈니스의 세계입니다.

물론 시간이 충분하다면 편집자로서의 능력을 어필할 기회가 있을 것입니다. 하지만 보통 주어진 시간이 짧지요. 짧은 만남에서도 신뢰를 쌓고 확신을 주기 위해서 전문가 목소리가 꼭 필요한 것입니다. 내용물이 아무리 알차도 검정 비닐봉지에 대충 담아서 주면 상대의 마음을 얻지 못하는 것과 같습니다. 여기서 비닐봉지란 편한 친구들과 대충 카페에 가서 수다 떨 때의 말투로 비유할 수 있겠습니다. 이런 말투로 미팅에 임한다면 자신의 능력을 충분히 보여 줄 수 없으니 손해겠지요. 이는 비단 편집자만의 이야기가 아닙니다. 자신의 능력을 말로 표현하는 것이 필수인 직장인, 취업 준비생, 교사, 유튜버 등 많은 사람이 해당됩니다.

끝으로 전문가 목소리에 대한 오해를 미연에 방지하고자 합니다. 전문가 목소리는 단순히 큰 목소리를 말하는 것이 아닙니다. 톡톡 쏘며 공격하는 말과도 전혀 다릅니다. 오히려 상대방을 배려하는 진중한 마음이 밴 말하기입니다. 발성의 울림이 좋으면 상대방의 귀에 잘 들립니다. 이것이 배려입니다. 발음이 정확하면 상대방과 소통이 원활해집니다. 이 역시 배려입니다. 말의 속도가 너무 빠르면 상대방은 잘 알아들을 수 없고 불안해집니다. 때문에 여유로운 속도로 말하는 것 또한 배려입니다. 전문가 목소리는 결국 전문 분야에 대한 자신의 능력을 잘 표현하는 말하기인 동시에 상대방을 배려하는 말하기입니다. 자신을 사랑하고 타인을 배려하는 말하기입니다.

목소리는
제2의 얼굴이다

· 목소리 관상 ·

제 흑역사를 하나 소환합니다. 중학생 때 담임 선생님께서 시를 낭독해 보라고 시켰어요. 저는 열심히 시를 읊어 내려갔습니다. 선생님은 제 낭송이 끝난 뒤에 같은 반 친구들에게도 낭송을 시켰어요. 나중에 알고 보니 그 자리는 낭송 대회에 내보낼 학생을 뽑는 자리였습니다. 결과적으로 대회에 참여할 기회는 다른 친구에게 주어졌습니다. 저는 어리둥절했어요. 똑같은 시를 읽었는데 왜 제가 아닌 다른 사람이 뽑혔을까요?

대학 시절에도 비슷한 일이 있었습니다. 당시 저는 기숙사 생활을 했는데 축제 준비 때문에 통금 시간보다 늦게 기숙사에 도착했어요. 저와 두 명의 룸메이트는 경비 아저씨에게 자초지종을 설명했습니다. 그런데 늦은 이유에 대해 똑같이 말했는데도 경비 아저씨는 유독 저만 혼냈습니다. 황당했지요. 제가 만만해 보였던 걸까요? 당시에는 아무리 생각해도 그 이유를 찾을 수 없었어요.

지금 와서 생각해 보니 두 일화의 결정적인 원인은 목소리인 것 같습니다. 말할 때 목소리에서 뿜어져 나오는 에너지가 달랐던 것이지요. 기력 없이 쭈뼛거렸던 제 목소리와는 달리 친구들의 목소리에는 당당한 기운이 흘러나왔으니까요. 사람 자체가 달라 보였던 것이지요.

세월이 흘러 사회인이 됐을 때의 일입니다. 한 축제 무대 뒤편에서 선배의 일을 돕고 있었습니다. 선배는 행사의 사회자였지요. 그런데 갑자기 응급 상황이 생겨 선배 대신 제가 마이크를 잡게 됐습니다. 그때부터 객석에 있던 관중의 반응이 달라졌습니다. 사회자의 원고는 달라지지 않았으니 제 목소리의 전달력만으로 모두의 시선을 확 집중시킨 것이지요. 스마트폰만 들여다보던 관중까지 제 말 한마디 한마디에 집중하기 시작했습니다.

이처럼 전달력 있는 목소리는 같은 말을 해도 다른 대접을 받게 해 줍니다. 좋은 기회를 따내고 사람들에게 존중을 받게끔 도와주지요. 이를 확실하게 이해시키는 비유가 있습니다. 바로 '비닐봉지'와 '자개가 박힌 고급 선물함' 그리고 '금괴'입니다.

금괴에 담긴 말,
비닐봉지에 담긴 말

저는 제 수강생들에게 묻습니다.

"만약 제가 여러분께 금괴를 선물한다면 비닐봉지에 든 걸 받으시겠어요, 고급 선물함에 든 걸 받으시겠어요? 만약 비닐봉지에 든 금괴를 받는다면 어떤 생각이 들 것 같나요?"

실제로 강의를 할 때는 비닐봉지와 자개가 박힌 고급 선물함, 금괴의 사진을 함께 보여 주는데요. 대체로 고급 선물함에 든 금괴를 선택합니다. 그리고 비닐봉지에 든 금괴는 가짜가 아닌지 의심된다고 하지요. 여러분은 어떻게 생각하나요?

여기서 '금괴'는 말의 내용을 의미합니다. 우리는 상대방을 설득하기 위해 주장과 근거에 활용할 여러 가지 자료를 모으고 말의 내용을 논리 있게 만듭니다. 그런데 정작 친구와 카페에서 수다 떨듯 일상적인 목소리로 설득한다면 금괴를 비닐봉지에 넣어서 주는 꼴과 같습니다. 반면 열심히 준비한 내용을 전문가 목소리로 발표한다면 어떻게 될까요? 금괴를 고급 선물함에 넣어서 주는 것과 같은 이치입니다. 여러분은 비닐봉지와 고급 선물함 중 무엇으로 가치를 전하겠습니까?

목소리가 인생에 미치는 영향력

"내가 왕이 될 상인가."

영화 〈관상〉의 명대사를 한번쯤 들어 보셨지요? 당시 '관상'이라는 주제에 대해 사람들의 관심이 뜨거웠습니다. 사람들은 누구나 좋은 관상을 갖고 싶어 합니다. 그래서 화장이나 성형 등 다양한 방법으로 좋은 관상을 만들려고 하지요.

어느 날 관상을 공부하는 한 수강생이 제게 이런 말씀을 해 주셨어요.

"선생님께서는 목소리 관상도 좋으시네요."

이후 저도 궁금증이 생겨 '관상의 교과서'라고 불리는 《마의상법》을 비롯해 다양한 자료를 찾아봤습니다. 얼굴이 아무리 좋아도 목소리가 좋지 않으면 완벽한 관상이 될 수 없다고 하더군요. 관상학에서는 목소리를 '성상'이라고 부르며 제2의 얼굴이라고 여길 만큼 중요하게 봅니다.

우리 주변에서도 이런 경우를 본 적 있을 것입니다. 체구가 왜소하고 깡말랐지만 파워풀한 목소리로 사람들의 이목을 집중시키는 사람들. 저는 가수 이정현 씨와 박정현 씨가 떠오르네요. 이

분들은 작은 키를 넘어서는 대단한 성량을 자랑하지요. 에너지가 남다르다는 느낌을 받습니다. 한편 미남, 미녀인데 대화를 나누면 호감형이었던 이미지가 와장창 깨지는 경우도 겪어 보셨을 것입니다. 이렇듯 목소리는 대인 관계에서 사람의 이미지에 큰 영향을 미칩니다.

'관상의 대가'라고 불리는 관상가 신기원 씨도 〈조선일보〉와의 인터뷰에서 "다른 모든 것이 좋아도 목소리가 나쁘면 완벽한 관상이 못 된다"라고 말했습니다. 정치가 故 김종필 씨를 예시로 들며 그가 세상에 없는 귀상이지만 탁성을 가졌기 때문에 최고 권좌에 오르지 못했다고 말했습니다.

같은 인터뷰에서 한날한시에 태어난 쌍둥이의 목소리에 대해서도 다뤘습니다. 얼굴도 사주도 똑같은 형제인데 형은 강남 병원의 잘나가는 의사가 됐고 동생은 고시에 낙방한 후 병원의 사무직으로 일한다는 이야기였습니다. 신기원 씨는 이를 두고 "동생의 눈에 신기가 약하며, 목소리가 달랐다"라고 말했습니다. 형은 청아한 목소리를 가진 반면 동생은 거칠거칠한 목소리를 가졌던 것이지요.

이 이야기를 읽고 어떤 생각이 드나요? 관상을 믿든 믿지 않든 목소리가 인생에 영향을 미친다는 사실은 확실해 보이지 않나요?

효과적인 목소리 훈련을 위한 도움닫기

· 목소리 요가 ·

저는 요가 지도사 자격증을 기초로 '목소리 요가'를 만들었습니다. 발성 기관의 근육을 풀어 목소리의 전달력을 한층 높여 주는 동작들입니다. 여기에 페이스 요가를 접목하고 호흡 훈련을 더했습니다.

요가는 무엇보다 심신 단련을 위한 것입니다. 목소리 요가 또한 스피치에 긍정적인 영향을 주는 방법들로 모았습니다. 매일 3분간 목소리 요가를 하면 귀에 확 꽂히는 목소리는 물론이고 밝고 아름다운 표정과 긍정적인 마음을 얻을 수 있습니다. 다음의 방법들을 순서대로 따라 해 보세요.

발성, 미소, 긍정
세 마리 토끼를 잡는 방법

1단계. 호흡하기

1. 눈을 지그시 감고 바르게 앉습니다. 의자에 편하게 앉아도 좋고 바닥에 양반다리로 앉아도 좋습니다.

2. 마시는 숨과 함께 긍정적인 기운이 몸속으로 들어온다고 상상합니다. 감사하는 마음, 해낼 수 있다는 기대감, 발표를 잘할 것이라는 예감 등이 숨을 통해 들어온다고 생각합니다.

3. 숨을 '후-' 하고 내뱉을 때는 내 안의 부정적인 기운을 함께 내보냅니다. 할 수 없다는 생각, 실수에 대한 불안함과 초조함 등을 내쉬는 숨과 함께 배출합니다.

4. 이 동작을 세 번 반복합니다. 숨을 5초간 마시고 5초간 내쉽니다.

호흡은 목소리 요가의 가장 기본적인 동작입니다. 숨을 쉴 때마다 긍정적인 기운을 마시고 부정적인 기운을 내뱉어 보세요. 이 호흡 방법은 스스로 긍정적인 생각을 할 수 있게 도와줍니다. 부정적인 생각이 들 때 마음을 컨트롤할 수 있는 힘을 길러 줍니다. 또한 호흡은 목소리 요가뿐만 아니라 모든 요가의 기본 동작인 만큼 혈액 순환을 원활하게 하고 온몸을 이완시킵니다. 긴장도가 낮아지므로 사람들 앞에서 말할 때 실력을 드러낼 수 있습니다.

2단계. 긴장 완화하기

1. 목 돌리기

1) 허리를 곧게 세우고 어깨를 활짝 열어 줍니다.

2) 고개를 아래로 떨구면서 숨을 들이마시고 목을 천천히 왼쪽으로 돌립니다.

3) 머리가 12시 방향에 도착하면 숨을 내쉬면서 오른쪽으로 돌립니다. 앞의 동작들을 좌우로 두 번씩 진행합니다.

2. 목의 옆쪽 근육 늘이기

1) 숨을 마시며 머리를 오른쪽으로 갸우뚱하며 기울여 줍니다.

2) 숨을 내쉬며 머리를 다시 제자리로 가져옵니다.

3) 이 방법을 좌우로 두 번씩 진행합니다. 이때 근육이 땅기면서 목 주변이 시원하게 풀리는 것을 느껴 보세요.

3. 고개 뒤로 젖히기

1) 정자세에서 숨을 마시며 고개를 뒤로 젖힙니다.

2) 숨을 뱉으며 뽀뽀하듯이 입술을 동그랗게 내밉니다. 이때 목 주름이 펴집니다.

3) 다시 고개를 제자리로 되돌리며 숨을 마십니다. 이 동작을 두 번씩 반복합니다.

과도한 긴장은 스피치에 좋지 않습니다. 긴장을 많이 할수록 목 주변에 힘이 들어가기 때문입니다. 목에 힘이 들어가면 성대도 함께 긴장해 발성이 부자연스러워집니다. 중요한 발표를 하기 전에 목을 돌리며 긴장을 풀어 보세요.

3단계. 소리의 통로 펴기

1. 어깨 돌리기
1) 왼손을 왼쪽 어깨에, 오른손을 오른쪽 어깨에 올립니다.
2) 팔꿈치로 크게 원을 그리며 어깨를 풀어 줍니다.
3) 뒤로 열 번, 앞으로 열 번 반복합니다.

2. 어깨를 뒤로 펴기
1) 양손을 등 뒤로 맞잡아 깍지를 낍니다.
2) 그대로 팔을 쭉 피고 깍지 낀 손을 천천히 위로 올립니다.
3) 깍지 낀 손이 가슴 높이까지 올라가게 연습하되 사람마다 어깨의 가동 범위가 다르므로 할 수 있는 만큼만 올립니다.
4) 그 상태에서 상체를 좌우로 돌리며 몸을 열 번 흔듭니다.

현대인은 스마트폰과 컴퓨터를 과도하게 사용해 목이 앞으로 쭉 나온 경우가 많습니다. 거북목이 되면 성대에서 전해지는 진동이 앞으로 시원하게 뻗어 나가지 못하고 아래로 떨어지기 때문

에 목소리가 원활히 전달되지 않습니다. 소리의 통로를 바르게
펴고 목소리를 앞으로 시원하게 뻗어 보세요.

4단계. 얼굴의 근육 풀기

1. 볼에 바람 넣기

1) 볼에 바람을 넣어 빵빵한 공처럼 만듭니다.

2) 왼쪽 볼에 바람을 몰아넣습니다. 손가락으로 눌렀을 때 탱탱
하게 느껴질 정도로 가득 넣어 줍니다.

3) 인중 쪽으로 바람을 옮깁니다. 원숭이 같은 얼굴이 되면서
팔자 주름이 펴집니다.

4) 마찬가지로 바람을 오른쪽으로 옮겨 볼을 부풀립니다.

5) 그다음에는 턱 쪽으로 바람을 옮깁니다.

6) 숨이 한 바퀴 이동했다면 이번에는 반대 방향으로 시도합니
다. 상하좌우 각 부분을 2초간 부풀립니다. 볼에서 얼얼함이
느껴진다면 제대로 한 것입니다.

2. 입술 털기

1) 최대한 입술과 얼굴의 힘을 빼고 편안한 상태를 유지합니다.

2) 입을 다문 채로 숨을 내쉬고 진동을 느끼며 입술을 텁니다.

3) 여러 번 시도해도 안 된다면 입술 양옆을 살짝 눌러 보세요.
입술에 과도하게 힘을 주면 입술 털기가 잘 되지 않습니다.

3. 혀 똑딱거리기

1) 혀로 입천장을 차면서 '똑딱똑딱' 소리를 냅니다. 이때 입술을 크게 벌리며 움직입니다.
2) 최대한 소리를 크게 내며 열 번 반복합니다.

4. 혀 돌리기

1) 혀끝을 한쪽 볼로 쭉 밀어서 마치 입안에 사탕을 가득 물고 있는 것처럼 불룩해지게 만듭니다.
2) 혀끝으로 입안을 훑으며 시계 방향으로 한 번, 반대 방향으로 한 번 천천히 돌립니다. 혀뿌리가 얼얼하다면 스트레칭이 잘되고 있다는 의미입니다.

이 동작들은 얼굴의 주름을 펴는 페이스 요가에서 착안했습니다. 발표할 때 긴장을 많이 해서 얼굴에 경련이 일어나는 사람들을 종종 볼 수 있을 것입니다. 이 동작들은 얼굴의 긴장을 풀어 주는 데 좋습니다. 입술에 힘이 많이 들어가 발음이 부정확해지는 현상 또한 예방합니다.

5단계. 성대 풀기

1. 목 앞부분을 손으로 쓸어 톡 튀어나온 곳을 찾습니다. 그곳이 성대입니다. 보통 남성의 성대는 밖으로 도드라져 있고

여성의 성대는 그보다 덜합니다.

2. 아기 얼굴을 만지듯 성대 부분을 손끝으로 살살 움켜줍니다.

3. 그 부분을 조물조물 마사지하며 풀어 주기를 반복합니다. 이
   때 손에 과하게 힘을 주지 않습니다.

이비인후과 전문의에게 배운 성대를 풀어 주는 방법입니다.
목소리와 직결된 신체 부위이므로 이곳의 근육을 풀어 주는 것
입니다.

6단계. 컨디션 끌어올리기

1. 숨을 마실 때 긍정의 기운이 함께 들어온다고 상상하며 시원
   하게 기지개를 켭니다.

2. 이때 입이 찢어져라 크게 하품하며 근심, 걱정을 날숨과 함
   께 뱉습니다. 건성으로 하지 말고 몸 전체가 이완되도록 크
   게 동작해 보세요.

몸 전체가 이완되는 이 단계 역시 긴장을 풀기 위한 동작입니다.

7단계. 미소 지으며 발성 연습하기

1. 숨을 5초간 들이마시면서 긍정의 기운을 마신다고 상상해
   보세요.

2. 숨을 뱉으면서 '사랑이 가득히'라고 말합니다. 숨이 바닥날 때까지 '히'의 입 모양을 유지합니다(보통은 20초 동안 유지하기를 추천합니다). 이때 입꼬리가 눈의 검은자 아래에 위치해야 합니다.

3. 눈으로도 웃으면서 발성합니다. 때에 따라 '개구리 뒷다리'라는 말로 바꿔서 연습해도 재밌습니다.

발성, 미소, 긍정 세 마리 토끼를 잡을 수 있는 방법입니다. 매일 하면 웃음 근육이 자리 잡혀 자연히 웃는 얼굴로 바뀝니다. 사회생활 하기에 좋은 인상이 되지요. 아나운서가 아침 생방송에서 생글생글 웃으며 진행하는 비결이기도 합니다. 또한 말을 길게 뱉으면서 목도 풀립니다.

무엇보다 '사랑이 가득히' 라는 문구를 발성하면서 내 안에 사랑을 가득 채울 수 있게 됩니다. 길게 발성할수록 마치 휴대 전화가 충전되듯 사랑이 내 안에 가득 채워진다고 상상해 봅시다. 자신을 사랑하는 정신 훈련도 함께 진행하는 것이지요. 적어도 기분이 무척 좋아지는 것을 느낄 수 있을 것입니다.

우리의 뇌는 웃기만 해도 행복한 일이 벌어지고 있다고 착각한다고 하지요? 웃을 일이 생겨서 웃기도 하지만, 웃어서 웃을 일이 생기기도 합니다.

목이 편한 발성은
배에서 시작된다

· 똥배 복식 호흡법 ·

"목에 좋은 캔디를 먹어도 잠깐 좋아질 뿐 강의하고 나면 다시 목이 아파요."

제가 운영하는 스피치 교육원에 많은 교육인이 찾아옵니다. 유치원 교사부터 초중고등학교의 교사, 대학 교수, 학원 강사까지. 가르치는 대상은 달라도 말을 교육의 도구로 사용한다는 공통점이 있습니다. 그래서 목이 자주 쉬고 아프다는 토로를 종종 하세요.

목의 통증이 심하면 성대 결절에 걸리기 쉽습니다. 문제는 이비인후과 치료 후에도 재발하기 쉽다는 것인데요. 병의 원인이 나쁜 발성 습관에 있기 때문입니다. 즉 치료를 해도 계속해서 나쁜 발성으로 말하면 성대에 또다시 병이 생기는 것이지요. 그야말로 악순환입니다. 그래서 병원에서도 제대로 된 발성을 배우라고 권합니다.

좋은 발성과 나쁜 발성에는 어떤 차이가 있을까요? 예를 들어 볼게요. 유치원 교사가 멀리 있는 학생에게 말합니다.

나쁜 발성: (목에 지나치게 힘을 주며 높은 톤으로) 얘들아, 내려오세요!
좋은 발성: (배에 힘을 주며 편한 톤으로) 얘들아, 내려오세요!

차이를 눈치챘나요? 문제는 목에 지나치게 힘을 준다는 점에 있어요. 힘이 많이 들어가서 목이 잘 쉬고 잘 상하는 것입니다. 한마디로 목을 혹사하느냐, 보호하느냐의 차이입니다. 아나운서들은 말할 때 목이 아닌 배에 힘을 줍니다. 그래서 말을 많이 해도 목이 훨씬 편안하지요.

저는 연구 끝에 '똥배 복식 호흡법'과 '과녁 발성법'을 개발했습니다. 이 방법들을 익히면 말을 많이 해도 훨씬 목이 편안하고 목소리에도 울림이 생깁니다. 목소리의 전달력이 좋아지니 멀리 있는 학생들도 집중하게 되지요.

호흡과 발성을 제대로 체득하면 몸에 마이크를 찬 것 같은 효과를 볼 수 있습니다. 실제로 마이크를 잡고 수업할 때도 전달력이 훨씬 향상되지요. 마이크는 소리의 크기를 증폭하는 장치지만 기본적인 발성이 뒷받침돼야 그 성능을 제대로 쓸 수 있습니다.

"발성을 배운 뒤로 목이 편안해져서 살 것 같아요."

스피치 교육 과정을 수료하고 나서 유치원 교사 한 분이 한 말입니다. 혹시 목이 아픈데도 방치하고 있지는 않나요? 건강을 챙기고 직업 능력을 향상시킬 수 있도록 발성을 배워 보세요.

어디에 힘주느냐의 문제, 똥배 복식 호흡법

1. 거울 앞에서 두 다리를 어깨 넓이만큼 벌립니다.

   척추를 바로 세우고 어깨를 활짝 펴 당당하게 섭니다.

   정면을 바라보고 두 손을 아랫배에 살포시 올립니다.

   거울로 옆모습을 확인할 수 있도록 옆으로 돌아섭니다.

2. 배의 근육을 앞으로 내민다는 생각으로 배를 똥배처럼 볼록하게 만듭니다.

   작은 바지를 입었다고 생각하며 배를 안으로 당겨 홀쭉해지게 만듭니다.

배를 힘껏 내밀고 힘껏 당기는 동작을 세 번을 반복합니다.

3. 2번 동작에 호흡만 추가해 보겠습니다.

　배 위에 양손을 얹어 배의 움직임을 느껴 보세요.

　코로 숨을 5초간 마시면서 배를 서서히 앞으로 내밉니다.

　배가 **빵빵**하게 부풀어 오릅니다.

　내 안에 긍정적인 기운이 퍼진다고 상상합니다.

4. 5초간 숨을 뱉으며 '스-' 하고 바람 빠지는 소리를 냅니다.

　내 안의 부정적인 기운을 뱉는다고 상상합니다.

　동시에 배가 서서히 꺼지면서 홀쭉해집니다.

　이때 숨을 최대한 끝까지 뱉습니다.

5. 동일한 방법으로 숨을 5초간 마시고 10초간 뱉습니다.

　10초 동안 숨을 뱉으려면 호흡을 적절히 분배해야 합니다.

6. 동일한 방법으로 숨을 8초간 마십니다.

　그 상태로 물속에서 숨을 멈추듯 5초간 기다립니다.

　이때 내 몸 구석구석에 있는 세포까지 긍정의 기운이 스며든

　다고 상상해 보세요.

　15초간 숨을 뱉습니다.

7. 동일한 방법으로 숨을 10초간 마십니다.

그 상태로 물속에서 숨을 멈추듯 8초간 기다립니다.

이때 내 몸 구석구석에 있는 세포까지 긍정의 기운이 스며든다고 상상해 보세요.

20초간 숨을 뱉습니다.

이때 숨이 남아 있다면 20초가 넘어가도 좋으니 끝까지 뱉어 봅니다.

목 건강에 좋은
최고의 보조제, 물

시중에 나오는 목에 좋은 식품들의 도움을 받는 것도 괜찮습니다. 다만 의존해서는 안 됩니다. 통증의 가장 근본적인 원인은 바로 잘못된 발성이기 때문입니다. 또한 의외로 목에 가장 좋은 음료수는 순수한 물입니다.

꿀, 도라지 등 목에 좋다는 재료를 쓴 각종 차나 첨가물이 든 음료보다 물이 더 좋습니다. 이는 제가 경험한 바이기도 하고, 성대결절 등 목 질환을 치료하는 이비인후과 의사들로부터 들은 조언이기도 합니다. 따라서 물을 충분히 마시는 것이 중요합니다. 물은 성대를 촉촉하게 만들기 때문입니다. 성대가 촉촉해지면 발성도 잘되고 목소리의 컨디션이 좋아집니다.

참고로 저는 하루에 최소 세 컵의 물을 마십니다. 식전에 한 컵씩 마시는 습관을 갖고 있지요. 세 끼를 먹기 전에 물을 마시면 포만감이 들어 다이어트에도 도움이 됩니다. 그리고 보통은 하루에 2리터의 물을 마십니다. 마트에서 흔히 파는 2리터짜리 생수를 사 두고 하루에 한 병씩 마십니다. 보기에는 많아 보이지만 마시면 또 금방 마셔집니다. 참고로 얼마만큼의 물을 섭취해야 충분한지는 사람마다 다릅니다. 우선은 본인이 할 수 있는 방법부터 작게 도전해 보세요. 식전에 물 한 컵 마시기! 가뿐하게 오늘부터 실천해 보시기 바랍니다.

물을 많이 마시는 것 못지않게 중요한 것은 일상생활에서 성대를 메마르게 하는 음료를 멀리하는 것입니다. 커피와 녹차에 든 카페인은 성대를 메마르게 합니다. 우유는 성대에 가래가 끓게 합니다. 때문에 중요한 발표를 앞뒀다면 그 기간만이라도 이런 음료들을 멀리하시기를 바랍니다.

만약 중요한 스피치 자리에서 카페인이 든 음료를 많이 마시면 어떻게 될까요? 실제 한 유명 강사의 강의를 들었을 때의 이야기입니다. 수많은 청중 앞에서 강의하는 자리였는데 아이스 아메리카노를 연거푸 세 잔이나 마시며 이렇게 하소연했어요.

"아, 목소리가 왜 이렇게 쉬는지 모르겠어요."

마이크 볼륨을 더 높이는 등 나름의 조치를 취했지만 쉰 목소리를 어찌할 수 없었습니다. 수강생들이 눈살을 찌푸렸고 강사 분도 난감해했습니다.

그렇다고 어떻게 평생 커피를 안 마시겠습니까? 저도 커피를 좋아합니다. 그리고 카페인에는 좋은 점도 많지요. 그래서 무조건 먹지 말라는 것이 아니에요. 적어도 강의나 방송, 발표 등 마이크를 잡는 날에는 카페인 대신 물을 충분히 마시기를 강력 추천합니다. 그리고 차선책을 알려 드리겠습니다. 평소 커피를 마시고 싶을 때 디카페인 커피를 마셔 보세요. 요즘은 대부분의 카페에서 디카페인 커피를 쉽게 접할 수 있습니다. 참고로 디카페인에는 카페인이 아주 소량은 남아 있다고 해요. 그래도 큰 영향을 미치지는 않으니 너무 마시고 싶을 때 추천합니다.

커피, 우유, 차가 너무 마시고 싶다면 중요한 발표가 끝난 날 드셔 보세요. 발표를 잘 마친 나에게 주는 작은 선물이 될 수 있겠지요.

멀리 가는 목소리가
영향력을 넓힌다

· 과녁 발성법과 저기요 발성법 ·

'목소리' 하면 이 사람을 빼놓을 수 없습니다. 목소리를 바꾸고 역사에 기록된 인물이자 영국 최초의 여성 총리인 마거릿 대처입니다. 우리에게 '철의 여인'으로 잘 알려져 있지요.

그녀의 일대기를 담은 영화 〈철의 여인〉에는 목소리에 대한 그녀의 고민이 드러나는 장면이 나옵니다. 한 정치인과 설전을 벌일 때 목소리 때문에 굴욕적인 평가를 듣는데요.

"존경하는 숙녀 장관님께서 목소리가 너무 앵앵거리시네. 하하하!"

사람들은 마거릿 대처의 목소리를 비웃었습니다. 굴욕을 당한 뒤 그녀가 한 말은 '목소리 말고 내용에 더 귀 기울여 달라'는 것이었습니다. 하지만 그 말이 사람들의 귀에 들어갈 리가 없지요. 언론에서도 쓴소리가 이어졌습니다. 그녀의 목소리는 마치 칠판 긁는 소리 같아서 듣기 힘들다고요. 마거릿 대처에게 정치에 도전할 자신은 더 이상 없어 보였습니다.

이때 그녀의 참모들이 나섭니다. 마거릿 대처의 인터뷰 방송을 함께 모니터링하며 진심 어린 조언을 하지요. 가장 시급한 문제는 톤이 높고 쇳소리가 많이 나 권위가 느껴지지 않는 그녀의 목소리라고요. 당시 사람들은 여자가 장황하게 말하거나 여자의 말에 설득당하는 것을 싫어했으니 그녀에게 목소리는 더 큰 약점이었지요. 그들은 스피치 전문가를 초빙해 그녀를 도왔습니다. 그녀는 훈련 끝에 결국 자신을 더욱 리더처럼 보이게 하는 목소리를 얻었습니다. 그렇게 최초의 여성 총리가 됐지요.

더욱 리더같이 보이도록 훈련을 거치는 것은 남성 리더도 마찬가지입니다. 전 미국 대통령 조지 부시도 후보 시절에 스피치 훈련을 받았습니다. 말의 높낮이부터 음색, 속도를 조절하는 법을 배웠어요. 우리나라에도 유명 정치인부터 시 의원까지 스피치 전문가와 함께 연설을 준비하는 사람이 많습니다. 이들은 왜 훈련을 통해 목소리 전달력을 키우는 걸까요? 자신의 영향력을 넓히기 위해서입니다.

여러분, 어떠세요? 마거릿 대처는 말하기 자신감을 되찾아 자유로워졌습니다. 자신감 있는 목소리로 자신의 꿈을 이뤘어요. 자신감을 되찾고 꿈을 이루기 위해 여러분도 전달력 있는 목소리를 배워 보는 것 어떠세요? 훗날 인생을 돌아봤을 때 자신의 삶에 미안해지지 않도록, 후회하지 않도록 말이에요.

말하기 자신감을 찾아 주는
과녁 발성법

1. 배꼽을 기준으로 아랫배에 힘을 주는 동작입니다.
   배꼽 아래로 3센티미터 정도 내려가면 기해(氣海)가 있습니다. 한의학에서는 이곳을 '기의 바다' 즉 '에너지의 바다'라고 부르며, 선천적으로 타고난 원기가 다 모이는 곳이라고 여깁니다.
   손가락으로 기해를 콕콕 누르며 힘줄 위치를 파악합니다.

2. 앞서 배운 똥배 복식 호흡 자세를 취합니다.
   코와 입으로 숨을 5초간 마시며 배를 서서히 부풀립니다.

3. 기해에 강하게 힘을 주면서 '아! 아! 아! 아! 아!' 소리 내며 숨을 뱉습니다. 기해에 힘을 주는 것이 쉽지 않다면 아랫배 전

체에 힘을 준다고 생각하면 쉽습니다.

마치 아랫배가 과녁이고 화살로 기해를 명중해야 하는 것처럼 아랫배에 강하게 힘을 줍니다.

1) '아!'를 발성할 때 힘을 주고

2) 잠시 힘을 푼 뒤 숨을 마신 다음

3) '아!'를 발성할 때 다시 힘을 줍니다.

그러면 배가 꿀렁꿀렁해집니다. 다시 말해 계속해서 배에 힘을 주는 상태가 아닙니다.

4. 같은 방법으로 '자! 자! 자! 자! 자!' 소리 내며 숨을 뱉습니다.

5. 같은 방법으로 '아자! 아자! 아자! 아자! 아자!' 소리 내며 숨을 뱉습니다.

목소리의 사정거리를 넓히는 저기요 발성법

레스토랑에서 종업원을 부를 때 종업원이 한 번에 돌아보는 편인가요? 여러 번 불렀는데도 돌아보지 않았다면 이 발성법을 체득해 보세요. 레스토랑에서 종업원을 부를 때뿐만 아니라 먼 거리에 있는 사람을 부를 때도 유용합니다.

1. 코와 입으로 숨을 5초간 마시며 배를 서서히 부풀립니다.
2. 아랫배를 안쪽으로 당기는 동시에 강하게 힘을 주면서 '저기요'라고 말합니다.

   '저기요' 세 글자를 다 말할 때까지 배에 힘을 강하게 줍니다.

1단계: '저기요, 저 이번 역에 내려요…'라고 속삭일 때처럼 작게

2단계: 발표 무대에서 청중을 부를 때처럼

3단계: 복도 끝에 멀리 있는 사람을 부를 때처럼

3. 마찬가지로 다음 단계로 넘어갈 때마다 중간중간 숨을 충분히 마시고 배에 힘은 풀어 줍니다. 발성할 때만 배에 힘을 주면 배가 꿀렁이게 될 것입니다.

목소리가 작다면
성량을 단계별로 조절하라

· 10단계 발성법 ·

앞서 소개한 '저기요 발성법'의 3단계 발성에서 더 나아가 10단계 발성을 배워 봅시다. 10단계를 연습하는 것은 발성의 크기를 조절하는 데 큰 도움이 됩니다. 처음에는 어설플 수 있지만 하면 할수록 익숙해질 것입니다.

성량의 단계는 다음과 같습니다. 내가 낼 수 있는 가장 작은 소리가 1단계입니다. 그러므로 1단계에서는 힘을 주지 않습니다. 내가 낼 수 있는 가장 큰 소리는 10단계입니다. 가장 큰 소리를 낸다는 것은 악을 쓴다는 말이 아닙니다. 목에 힘을 주며 소리를 쥐어짜고 고함을 치는 것이 아닙니다. 배의 힘으로 충분히 소리를 내는 것입니다. 이를 지키지 않으면 목이 쉴 수 있습니다. 만약 목이 쉬었다면 연습을 중단해 주세요. 잘못된 방법으로 연습했기 때문입니다.

성량을 키우는 10단계 발성법

시인 윤동주의 〈서시〉로 10단계 발성법을 구성했습니다. 똥배 복식 호흡법과 과녁 발성법, 저기요 발성법을 참고하면 더욱 쉽게 따라 할 수 있습니다.

1. 똥배 복식 호흡법으로 숨을 마시고 단계별로 성량에 차이를 주며 아래의 숫자들을 발성합니다. 1은 1단계로, 10은 10단 계로 발성합니다.

   1 / 2 / 3 / 4 / 5 / 6 / 7 / 8 / 9 / 10

   숫자와 숫자 사이에 숨을 충분히 마시고 배의 힘으로 성량을 조절합니다.

2. 〈서시〉로 10단계 발성을 합니다.
   앞선 숫자 발성처럼 단계별로 성량에 차이를 줍니다.

각 단계로 넘어가기 전에 숨을 1~2초간 코와 입으로 빠르게
마셔 주세요.

1단계: 서시 / 윤동주

2단계: 죽는 날까지 하늘을 우러러

3단계: 한 점 부끄럼이 없기를

4단계: 잎새에 이는 바람에도

5단계: 나는 괴로워했다

6단계: 별을 노래하는 마음으로

7단계: 모든 죽어가는 것을 사랑해야지

8단계: 그리고 나한테 주어진 길을

9단계: 걸어가야겠다.

10단계: 오늘밤에도 별이 바람에 스치운다.

일주일간 스포츠 캐스터로 살아 보기

목소리가 개미처럼 작다면 전달력을 높이기 위해 목소리의 크
기를 키워야 합니다. 똥배 복식 호흡법과 과녁 발성법은 목소리
를 키우는 데 기초가 되는 방법입니다. 이 두 방법과 앞서 배운 방
법들을 활용해 방송 진행 실습을 해 보겠습니다. 지금부터 일주

일간 실습을 통해 방법들을 체득해 보세요.

스포츠 캐스터는 활기차고 씩씩한 느낌으로 뉴스를 전달합니다. 스포츠 뉴스는 발성이 좋아야 진행하는 맛을 살릴 수 있는 장르입니다.

1. 10단계 숫자 발성의 5단계 정도로 목소리 크기를 키웁니다. 배에 제법 힘이 들어가는 정도입니다. 듣기에 어색할 수 있으니 너무 강하게 힘주지 않습니다.
2. 문장의 앞머리마다 1~2초의 짧은 시간 동안 많은 양의 숨을 들이마십니다. 호흡에 여유가 있어야 발성이 수월하기 때문입니다.
3. '따옴표'로 표시된 글자에서는 배에 힘을 줍니다. 표시되지 않은 부분에서는 힘을 주지 않습니다. 배가 꿀렁이도록 발성합니다.

(숨 마시고) '안'녕하십니까? '스'포츠 뉴스 'ㅇ'ㅇㅇ입니다.
(숨 마시고) '한'국 마라톤의 대들보 '이'봉주 선수가
(숨 마시고) '세'계 최고 권위의 '보'스턴 마라톤 '정'상에 올랐습니다!
(숨 마시고) '현'장 분위기가 '정'말 뜨거웠습니다!
(숨 마시고) '홍'길동 기자입니다.

'솔' 톤은 만능 톤이
아니다

· 타고난 톤 찾기 ·

대학 시절 저는 연예인들의 목소리를 자주 흉내 내고는 했습니다. 연예인들처럼 하이 톤으로 말하면 저 또한 예뻐 보일 거라고 착각했지요. 목이 아파도 '솔' 톤으로 높여서 말했습니다. 남의 옷을 빌려 입은 것처럼 저와 어울리지 않는 목소리로 지냈습니다. 제게 타고난 톤이 있다는 사실을 알지 못했기 때문이에요.

사람마다 타고나는 톤이 있다는 사실을 알고 있나요? 도, 레, 미, 파, 솔, 라, 시, 도와 같은 음을 타고났다고 이해하면 쉽습니다. 연예인을 예로 들어 볼까요? 방송인 현영 씨는 높은 음을 타고났습니다. 앵커 김주하 씨는 낮은 음을 타고났습니다. 이처럼 사람들은 자신이 타고난 목소리와 제일 잘 어울립니다. 타고난 톤으로 말할 때 가장 자연스럽고 목도 아프지 않습니다.

제가 타고난 음은 무엇일까요? 피아노 음으로 설명하자면 건반의 가장 중앙에 위치한 도, 레, 미입니다. 이처럼 사람들은 하나의 음이 아닌 한 구간의 음을 타고납니다. 저는 도에서 미 사이의 구간을 타고난 것이지요. 이 구간의 음으로 말할 때 목소리를 내기가 가장 편하고 발성의 울림도 더 좋습니다.

만약 제가 상담을 진행한다면 저는 미의 톤으로 말할 것입니다. 미는 제가 타고난 음의 구간에서 가장 높은 음이기 때문입니다. 높은 음을 선택한 이유는 밝고 친절한 느낌을 전하기 위해서입니다. 반대로 낮은 음일수록 중요하고 강인한 느낌을 줄 수 있어요. 제가 뉴스를 진행한다면 도의 음으로 말할 것입니다. 자신이 주고 싶은 느낌에 맞게 꺼내 쓰는 것이지요.

이 사실을 몰랐을 때는 솔이 마치 만능 톤인 것처럼 여겨졌습니다. 높은 톤을 타고난 사람이라면 솔 톤이 편안하겠지만 낮은 톤을 타고난 사람이 솔 톤을 내기란 힘듭니다. 억지로 톤을 올리기 때문에 목이 아파요. 그러면 상담을 원활하게 진행하기 어려워지겠지요. 그리고 이 고통이 반복적으로 누적되면 목소리가 쉬고, 이를 방치하면 결국 건강도 직장도 잃게 됩니다.

이 때문에 자신이 타고난 톤이 무엇인지 찾는 것이 먼저입니다. 그래야 목소리가 쉬지 않고 편안하고 울림을 주는 목소리를 낼 수 있습니다. 어울리는 톤으로 나답게 말할 수도 있고요.

내 목에 편한 톤이
가장 좋은 톤이다

목소리의 톤을 억지로 높이거나 낮추면 목에 무리가 옵니다. 사람들의 이목을 끌기 위해 보통 톤을 높이고는 하는데요. 그 상태로 오랫동안 말을 하면 목이 잘 쉽니다. 때문에 자신에게 맞는 편안한 톤으로 말하는 것이 중요합니다.

1. 벽과 약 2미터 이상 떨어진 상태로 벽을 마주보고 섭니다.
2. 똥배 복식 호흡법으로 5초간 숨을 마십니다.
3. 과녁 발성법으로 아랫배에 힘을 주며 10초간 '아~' 발성합니다.
4. 이때 벽에다 눈높이에 맞는 가상의 점을 찍고 자신의 목소리로 그 점을 맞춘다고 상상합니다. 음을 일부러 높이거나 내리지 않으면서 목소리를 직선으로 내보냅니다.
5. '아! 아! 아!' 세 번 반복하면서 자신의 톤을 익힙니다.
6. 목이 아프지 않고 편안한지 체크합니다.

말을 많이 했을 때 목이 아픈 이유는 잘못된 발성으로 말하기 때문입니다. 이를 해결하기 위해서는 목이 편안한 음역대에서 말해야 합니다. 그 음역대를 벗어나지 않으면 말을 많이 해야 하는 상황에서도 편안하고 건강한 발성을 할 수 있습니다. 이제는 성대 결절을 비롯한 다양한 목 질환과 작별을 고하세요.

상황별로 어울리는
톤을 꺼내 쓰는 방법

· 타고난 톤 활용하기 ·

목소리가 연봉에도 영향을 미친다는 사실을 알고 있나요? 듀크대학교 메이유 교수 팀의 연구 결과, 하이 톤의 목소리를 가진 CEO보다 중저음의 목소리를 가진 CEO의 연봉이 더 높다고 합니다. 중저음의 CEO들이 재직 기간도 더 길었고 운영하는 회사의 규모 또한 더 컸지요. 제 수업을 듣는 중견 기업의 대표에게도 물어보니 주변의 대표들이 대체로 중저음이라고 말했습니다. 왜일까요? 중저음은 무게감과 안정감이 있고 그에 따라 신뢰를 줄 수 있기 때문입니다.

혹시 목소리가 중저음이 아니라서 속상한 분이 있나요? 괜찮습니다. 중저음을 내기 위해서 억지로 톤을 낮출 필요는 없기 때문입니다. 자신이 타고난 음역대에서 무리가 되지 않을 만큼만 톤을 낮춰 말해도 괜찮아요. 아나운서들은 시사 프로그램을 진행할 때 무게감을 주기 위해 톤을 낮춰서 말합니다. 하지만 교양 프로그램에서는 톤을 높여서 밝은 분위기로 진행하지요. 어디까지나 내 목이 편안한 범위에서 톤을 자유롭게 높이고 낮춥니다.

제가 타고난 톤은 피아노 건반 중앙에 위치한 도, 레, 미입니다. 이 중에서 가장 낮은 음인 도를 사용할 때는 진중하고 신뢰감 있는 느낌을 줄 수 있고요. 미를 사용할 때는 더 활발하고 밝은 느낌을 줄 수 있습니다. 다시 말해 사람에게는 각자 타고난 톤이 있고 자신의 음역대 안에서 높게 또는 낮게 톤을 조절할 수 있습니다. 자신이 원하는 느낌대로 꺼내 쓰면 되는 것이지요. 억지로 낮추거나 높일 필요가 전혀 없습니다.

영화 〈아이 필 프리티〉에는 유명한 화장품 회사를 운영하는 CEO 에이버리 클레어가 나옵니다. 그녀에는 너무 가늘고 톤이 높은 목소리가 콤플렉스였어요. 만약 제가 그녀를 만나 목소리 트레이닝을 해 줄 수 있다면 이렇게 말할 것입니다.

"우선 자신의 목소리를 사랑하세요."

톤의 높고 낮음은 잘못이 아닙니다. 옳고 그름, 좋고 나쁨의 절대적인 기준이 없어요. 그저 타고난 톤을 감사히 받아들이세요.

받아들이는 것부터가 시작입니다. 그다음에는 자신이 원하는 목소리의 느낌을 떠올려 보세요. 그 느낌에 맞게 자신이 타고난 범위에서 톤을 내리거나 올리면 해결됩니다.

타인에게 잘 보이는 것보다 내 마음이 편안한 것이 더 중요하지 않나요? 목소리도 그렇습니다. 자신에게 편안한 톤을 찾는 것이 우선이지요. 자신의 목소리를 알아 가고 좀 더 사랑해 보시기를 바랍니다. 그러면 좀 더 안정적인 음색으로 트레이닝을 해 나갈 수 있습니다.

내 목소리를 사랑하되 예전의 습관과 결별하라

발성을 연습하다 보니 목이 아프고 음이 점점 높아지나요? 잘못된 발성을 하고 있는지는 보통 다음의 두 가지 증거로 확인할 수 있습니다.

첫째, 발성할 때 배보다 목 주변에 힘이 들어간다

발성할 때 목과 목둘레, 어깨, 갈비뼈, 명치 등이 아프다면 습관적으로 흉식 호흡을 하고 있다는 증거입니다. 즉 우리가 앞서 배웠던 똥배 복식 호흡법이 아직 완벽히 체득되지 않은 것이지요. 또한 힘을 줄 때 자꾸만 배가 아닌 목 주변에 힘이 들어간다면 이 역시 아랫배에 힘을 주는 과녁 발성법이 익숙해지지 않은 것입니다.

이럴 때는 응급 처방으로 힘을 빼는 연습을 해 보세요. 힘이 들어간 목 주변을 풀어 주는 것입니다. 목과 어깨를 몇 차례 돌리거나 몸을 흔들며 힘을 빼 주세요. 앞서 배운 목소리 요가를 5분 동안 해도 좋습니다. 초반에는 의욕이 강해 발성을 할 때 힘을 가득 싣고는 합니다. 그러면 힘이 더욱 많이 들어가 아플 수 있지요. 힘을 줄 때는 정확한 부위에 주세요.

둘째, 단계별 발성 시 톤이 점점 높아진다

이 또한 아직도 예전의 습관이 남아 있는 것입니다. 음을 높이는 습관은 성대를 상하게 합니다. 반복되면 목이 쉬고 이 증상이 지속되면 성대 결절이나 성대 폴립을 비롯한 성대 질환에 걸리기 쉽습니다. 따라서 음을 일정하게 유지해야 합니다. 물론 단계가 거듭될수록 음이 약간씩 올라갈 수 있습니다. 하지만 급격하게 음이 올라간다면 이는 분명히 발성 방법이 잘못된 것입니다.

음의 높낮이는 일정하게 유지하되 배의 힘으로 소리의 크기를 조절합니다. 이때 음을 맞추는 것을 어려워하는 분들이 간혹 있습니다. 과녁 발성법 할 때 기억나시죠? 숨을 5초간 충분히 마시고 배의 힘으로만 '아!' 하고 발성할 때 나오는 음이 바로 자신의 편안한 음에 가깝습니다. 일부러 톤을 낮추거나 높일 필요 없이요. 자연스럽게 나오는 톤으로 해야 목도 아프지 않습니다.

자기 안의 목소리를 밖으로 꺼내야 하는 이유

· 자기 사랑 ·

목소리 훈련을 마무리하고 다음의 단계로 넘어가기 전에 잠시 진지한 이야기를 하고 싶습니다. 여러분은 자신의 권리를 지키기 위해 용기 있게 목소리를 내 본 적 있나요? 무례한 사람들로부터 자신을 보호하기 위해 말을 해 본 적 있나요? 많은 사람이 목소리를 내기보다는 참습니다. 그중에서도 특히 한국 사회에서 성차별, 성희롱, 성폭행에 대해 목소리를 내기란 결코 쉬운 일이 아닙니다. 어린 시절부터 성교육을 제대로 받지 못했기 때문일 수 있고요. 가해자보다 피해자를 탓하는 사회의 분위기도 한몫했을 것입니다.

"저 여자 당했대. 아이고… 인생 망했네."

"저 남자 당했다면서? 무슨 남자가 여자한테 당하냐? 형편없는 놈이네."

"어디 여자가 남자들 일하는 데 끼나?"

"저희 집안의 결정권은 남편에게 있어요. 저는 그냥 살림하는 사람이에요."

주변에서 한번쯤 들어 본 말들 아닌가요? 지금까지 당연시되는 이런 말들로 누군가는 상처받습니다. 이 문장들에서 '여성'과 '남성'의 자리를 바꿔 보세요. 어떤가요? 여전히 불편하게 느껴질 것입니다. 성추행 사건의 피해자 비율은 보통 여성이 더 높기는 하지만 이는 비단 여성만이 당면한 문제는 아닙니다. 성별을 넘어 우리 모두가 당면한 인권의 문제입니다.

'문제'는 목소리를 내야 해결할 수 있지 않을까요? 민주주의는 수많은 사람이 목소리를 내서 갖게 된 국민의 권리입니다. 여성의 참정권도 마찬가지지요. 누군가가 대신 목소리를 내기만을 바라기보다 작은 목소리라도 나부터 낼 수 있는 용기를 갖는다면 가장 좋겠습니다. 아직 용기가 나지 않는다면 누군가의 용기 있는 목소리를 지지해 주는 것도 멋진 일입니다.

자기 사랑의 시작,
목소리 내기

《무크타르 마이의 고백》에 대해 들어 보거나 읽어 본 적 있나요? 이 책에는 무크타르 마이라는 파키스탄 여성이 부족 남자들에게 집단 성폭행을 당한 뒤 용기 있게 목소리를 내는 과정이 담겨 있습니다. 파키스탄의 여성들은 보통 이런 일을 겪으면 스스로 목숨을 끊거나 두려움 때문에 침묵했다고 해요. 그러나 그녀는 비록 가난하고 배운 것도 없지만 용기를 냈습니다. 목소리를 높여 범죄자에게 법적으로 대항하고 세상에 당당히 맞서 싸웠습니다. 파키스탄의 가장 낮은 곳에서 들린 이 목소리가 전 세계 사람들을 감동시켰어요. 거대한 연대를 불러일으켰고 여성의 권리를 향상시키는 데 큰 이바지를 했지요.

저는 성폭력에 대한 경험으로 상처가 있는 분들께 강사 김창옥 씨의 영상을 추천합니다. 성추행에 대해 용기 있게 목소리를 내고 상처로부터 해방된 분이기 때문입니다. '상처에서 해방되고 스스로 일어서고 싶은 사람들에게'라는 제목의 영상인데요. 간략히 내용을 정리하자면 다음과 같습니다.

김창옥 씨는 대학 시절에 모르는 남성으로부터 성추행을 당했습니다. 지하철에서 누군가가 엉덩이를 만진 것이지요. 당시 김창옥 씨는 해병대를 전역했을 정도로 건장한 남성이었음에도 그 상황에서 제대로 대처하지 못했다고 합니다. 사건 이후에는 '휴학을 해서라도 그 사람을 잡아야 하나' 하는 생각이 들 정도로 분노했다고 해요.

시간이 지나고 4학년이 됐을 때 김창옥 씨가 들었던 '성차 심리학'이라는 수업에서 토론이 벌어졌습니다. '여학생이 성추행을 당하는 일이 많은데 사회가 나서서 도와줘야 하느냐, 아니면 여성이 알아서 용기 있게 말을 해야 하나'가 주제였습니다. 김창옥 씨가 번쩍 손을 들고 목소리를 냈습니다. 앞선 일화에 대해 밝히며 다음과 같이 말을 이었습니다.

"제가 뭘 잘못했습니까? 해병대에서 죽을 만큼 맞아 본 남자도 엉덩이 한 번 갖고 이렇게 살고 있는데…. 대한민국이라는 문화에서 여자로 태어나 성추행당했으니 '나 좀 도와주시오'라고 말할 수 있겠습니까?"

그렇게 용기 있게 목소리를 낸 후로 김창옥 씨는 자신이 과거의 상처로부터 해방됐다는 사실을 깨달았다고 합니다. 범인을 만나거나 용서하지도 않았고 범인이 용서를 빌지도 않았지만 고통스러운 마음에서 해방된 것이지요. 성추행에 대한 자신의 경험을 사람들 앞에서 말할 때 슬프기보다는 담담하다는 것이 그 증거입니다. 또 이런 이야기를 들려주며 다른 사람의 상처를 치료하는 데 도움이 될 수도 있지요. 완전한 해방입니다.

저 또한 용기를 갖고 목소리를 낸 적이 있습니다. 한 모임에 처음 참석한 날이었어요. 대낮의 카페에서 다 함께 앉아 이야기를 나누고 있었는데요. 모임의 일원이었던 옆자리의 백발 노인이 갑자기 제 손목을 잡았습니다. 그리고는 자신의 한의사 친구가 '이렇게 예쁜 아가씨 손님이 오면 손목을 유독 오랫동안 잡더라'는 말을 하더군요. 엄연한 성희롱이고 성추행이지요. 40대부터 60대의 남녀 어르신들이 함께 있었는데 그중 말리는 사람은 단 한 명도 없고 모두 그 말에 깔깔거리며 웃었습니다. 너무 황당했습니다. 얼마나 수치스럽고 놀랐는지 몰라요. 제 표정이 돌처럼 굳어 갔습니다.

집으로 돌아가 저는 성 상담 센터에 전화를 걸어 그 행동이 성추행이 맞는지 확인했습니다. 그다음에는 그 사람의 연락처를 알아냈고 빠르게 말하기 위해서 문자로라도 목소리를 냈어요. 정중하지만 단호하게 말했습니다. 나름 친근함의 표현이었을지 몰라도 명백한 성추행이니 앞으로는 그런 행동과 말을 삼가 달라고 말했습니다. 그리고 상대방으로부터 삼가겠다는 답을 받았습니다. 표현을 하니 속이 편안해지더군요.

만약 긍정적인 답을 듣지 못할지라도 저는 목소리를 냈을 것입니다. 최소한 나를 지키는 말을 하는 것이니까요. 말을 했다는 사실 자체가 중요합니다. 성희롱 같은 문제는 상대방이 잘 모르기 때문에 벌어지기도 합니다. 그래서 명확히 알려 주되 예의를 지키며 말하는 것이지요. 나 자신을 위해서 말입니다.

여러분은 앞서 소개된 사례들을 보고 무슨 생각이 들었나요? 저는 자기 안의 목소리를 밖으로 꺼내는 용기가 모이고 모여서 우리 사회를 바꾼다는 생각이 들었어요.

지금 바로 목소리를 내고 싶은데 용기가 나지 않아도 괜찮습니다. 용기도 한 걸음부터니까요. 우선은 가까운 사람이나 전문가에게 목소리를 내고 도움을 요청하는 것도 좋습니다. 자신을 위해서 외부에 도움을 요청하는 목소리를 내는 것이 자기 사랑의 시작이라고 생각해요. 자신을 사랑하는 마음이 차곡차곡 쌓이면 자연스럽게 자신의 아픔을 담담하게 말할 수 있는 날이 오리라 생각합니다. 그것이 대중 앞일 수도 있고 나와 같은 아픔이 있는 사람에게 위로의 말을 건네는 순간일 수도 있습니다.

제가 이 책을 통해 여러분에게 가장 말하고 싶은 메시지는 이것입니다. 내 안에 귀 기울여서 입 밖으로 목소리를 내는 용기. 결국 '나 자신을 사랑하라'는 말이지요. 즉 전달력 있게 말하는 훈련은 나 자신을 사랑하는 하나의 고마운 도구입니다.

당당함은 언제나
내 안에 있다

· 용기 ·

인기 프로그램 〈유 퀴즈 온 더 블럭〉에 출연한 유튜버 곽준빈 씨의 영상이 화제였습니다. 학교 폭력을 당한 경험에 대해 고백했는데요. 저는 그 영상을 보며 눈물이 났습니다. '용기 있게 방송에 나와 말하기까지 얼마나 힘이 들었을까' 하는 생각에서요. 그리고 참 멋져 보였어요. 당당한 모습에 박수가 나왔습니다.

생각해 보니 저도 이런 고백을 들은 적이 있습니다. 한 수강생께서 직장 내 따돌림을 당한 경험에 대해 말하면서 눈물을 보였어요. 그 발표를 듣는데 저의 콧잔등도 시큰해졌습니다. 저 또한 고등학생 때 친구가 없어 외로웠던 경험이 있거든요. 그래서 그 마음을 충분히 이해할 수 있었습니다. 인간관계가 아무리 쌍방향이라지만 때로는 가만히 있어도 억울한 일이 발생하기도 하지요. 그래서 저는 따돌림으로 힘들어하는 분들에게 말씀드리고 싶습니다.

"당신의 잘못이 아닙니다."

한 번의 용기가 가진 위력

한편 아들의 학교 폭력 피해에 대해서 목소리를 낸 아버지 김종기 씨가 있습니다. 학교 폭력에 시달리던 아들이 스스로 목숨을 끊은 뒤로 학교 폭력과 싸운 시간이 30년을 향해 가고 있지요. 학교 폭력을 예방하는 '푸른나무재단'을 만들기도 했고요. 47만 명의 서명을 받아 학교 폭력에 대한 법을 제정해 달라는 청원을 낸 결과 〈한국폭력예방 및 대책에 관한 법률〉이 지금도 작동되고 있습니다. 이러한 공을 인정받아 2019년에는 아시아의 노벨상인 '막사이사이상'을 수상했습니다.

여기에 더해 제 친구 A에 대해 이야기해 보고자 합니다. A는 대학생 시절, 같은 학과의 친구들이 B에 대해 험담을 늘어놓는 것을 들었습니다. 험담은 계속됐고 언젠가부터 B는 친구들로부터 겉돌기 시작했습니다. 가만히 생각해 본 A는 B가 아무런 잘못을 하지 않았다는 것을 깨달았습니다. 굳이 이유가 있다면 친구들이 B를 질투하고 부러워한 것 때문이겠지요. 그래서 A는 친구들에게 너희들이 잘못하고 있는 것이라고 충고하고 그 무리를 빠져나와 친구 B와 학교 생활을 이어 갔습니다. 그리고 이들의 우정은 이 글을 쓰는 현재 15년이 넘었습니다. 이 둘은 제 오래된 벗이자 자랑스러운 친구입니다.

저는 이 일화를 통해 본인뿐만 아니라 주변 사람의 목소리도 큰 도움이 된다는 사실을 깨달았습니다. 학교 폭력뿐만 아니라 따돌림, 차별 같은 문제에도 마찬가지입니다. 당장은 남의 일인 것들이 언젠가 자신의 일이 될 수도 있습니다. 또한 자신의 일이 아니라도 모든 폭력은 부당한 것임을 한 번 더 말하고 싶습니다.

참 흥미로운 것은 한 사람의 작은 용기가 주변 사람까지 물들인다는 것입니다. 만약 지금 자신이 따돌림당하고 있거나 주변 친구들이 이런 일을 겪고 있다면 작은 용기를 내 보는 것은 어떨까요? 힘들어하는 친구에게 "괜찮니?"라며 한마디를 건네는 것부터 시작해 보세요.

저는 여러분 중에도 이런 아픔을 간직한 분이 있을 거라고 생각합니다. 당장 목소리를 낼 용기가 나지 않는다고 해도 괜찮습니다. 용기를 내는 것, 목소리를 내는 것도 한 걸음부터니까요. 학생이라면 학교 폭력 상담 전화 '1588-9128(구원의팔)'로 먼저 상담을 받고 작은 목소리부터 내 보시기를 권합니다. 성인이라면 정신 건강 상담 전화 '1577-0199' 등 무료로 상담하는 곳들도 추천을 드립니다.

침묵이 능사가 아니라고 저는 생각해요. 말을 하지 않는다고 과연 마음이 평화로워질까요? 상담을 통해 목소리를 내든 사람들 앞에서 담담하게 고백을 하든 곁에 있는 친구가 대신 목소리를 내든 어떤 형태로든 입 밖으로 목소리를 내는 과정이 필요합니다. 특히 무례한 사람에게는 더더욱 무례한 말과 행동을 삼가 달라고 목소리를 낼 수 있어야 해요. 말하지 않으면 상대방은 괜찮은 줄 알고 계속해서 무례하게 대하기 때문입니다.

제가 이 책을 쓴 궁극적인 이유는 사람들이 자신의 목소리를 세상에 당당하게 낼 수 있도록 돕기 위해서입니다. 이 책에서 소개하는 6단계 말하기 기술이 업무와 일상은 물론이고 세상의 여러 폭력에 당당하게 목소리를 내는 데 도움을 줄 것입니다. 당당함은 단순히 목소리를 크게 내는 것만을 의미하지 않습니다. 당당함이란 예의를 갖추면서도 단호하게 말할 줄 아는 현명함이라고 생각합니다. 이러한 용기는 언제나 우리 안에 잠들어 있습니다. 이 책을 통해 여러분 안에 잠든 용기를 깨워 보시기를 바랍니다.

2단계

어떻게
한마디로
상대에게
신뢰를 줄까?

| 발음 훈련 |

"어설픈 이미지"에서
"신뢰할 수 있는 스마트한 이미지"로

"의기소침한 말투"에서
"자신감 있는 말투"로

"웅얼웅얼하는 발음"에서
"또박또박한 발음"으로

"답답한 불통"에서
"오해 없이 원활한 소통"으로

발음 오류는 구강 구조 때문이 아니다

· 또박또박 모음 발음법1 ·

살다 보면 누구나 발음 실수를 합니다. 심지어 아나운서도 실수를 하지요. 그런데 어쩌다 한 번 실수하는 것과 잘 안 되는 발음을 계속 틀리는 것은 다릅니다. 특정한 발음을 계속 틀리면 소통이 원활해지지 않으니까요. 사람들이 자주 틀리는 발음에는 대표적으로 '기관'과 '기간'이 있습니다. 두 단어는 전혀 다른 뜻이지요. 만약 중요한 발표 자리나 만남에서 발음을 계속 틀리면 어떻게 될까요? 한두 번은 이해받고 넘어갈 수 있지만 실수를 거듭할수록 스마트한 이미지와 멀어지고 신뢰감이 떨어집니다. 안타까운 것은 이런 실수는 어쩔 수 없는 구강 구조의 차이 때문이 아니라 발음하는 방법을 제대로 모르기 때문에 일어난다는 것이지요.

즉 쉽게 배우고 연습하기만 하면 해결되는 문제입니다. 그러니 잘 안 되는 발음 때문에 스트레스 받지 마세요.

일반인과 아나운서가 발음하는 방식의 가장 큰 차이점은 무엇일까요? 입을 크게 벌리는 것입니다. 아나운서는 방송 전에 입을 크게 벌리며 발음표로 입을 풉니다. 이미 모두 아는 발음들이지만 입에 붙어 체득되도록 연습하는 것이지요. 자주 틀리는 발음을 집중적으로 연습하기도 합니다. 이처럼 이번 단계를 훈련할 때는 틀리는 발음을 모두 적어 오답 노트를 만들어 보세요. 틀린 발음은 또 틀릴 확률이 높기 때문에 해당 단어를 최소 열 번은 소리 내서 매일 읽어 보시기를 바랍니다. 단어가 익숙해지고 그 단어가 포함된 문장으로 다시 열 번씩 연습하면 어느덧 그 발음을 정복하게 될 것입니다.

스마트한 이미지를 만드는 모음 발음법

발음에 대해 공부하기 전에 먼저 세종대왕께 무한한 감사를 드립니다. 평범한 사람들이 읽고 배우기에 너무 쉽게 만들어 주신 것에 고맙습니다. 또한 수차례 없어질 위기와 거센 반발에도 살아남은 한글의 자생력에 감사합니다. 이에 이번 단계의 모든 발음 훈련은 한글 창제의 원리를 바탕으로 현대인이 쉽게 익힐 수 있도록 설명했습니다. 잘 안 되는 발음에 집중해 연습해 보시기를 바랍니다.

다음은 발음할 때 입을 벌리는 정도와 혀의 위치를 설명한 그림입니다. 앞으로 소개하는 모음 발음법을 익힐 때 이 그림을 참고하면 많은 도움이 될 것입니다.

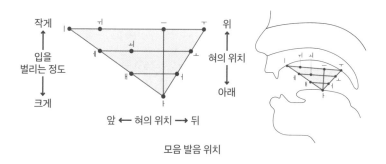

모음 발음 위치

'⏌' 발음하기

1. 맛있는 상추쌈이 들어갈 정도로 입을 크게 벌립니다.
2. '⏌' 소리를 냅니다.
3. 턱이 아래로 잘 내려가는지 거울을 보면서 확인합니다.

'⏌'를 발음할 때 입이 너무 커져서 부자연스러워 보인다고 지레 걱정할 필요 없습니다. 입을 아무리 크게 벌리며 연습해도 실제로 발표하거나 대화할 때는 연습 때만큼 크게 발음되지 않기 때문입니다. 실전에서 입을 작게 벌릴 것에 대비해 입을 더욱 크게 벌리며 연습해 봅시다.

아-아-아-아-아

아기, 아가씨, 아나운서, 아카시아, 아파트

나는 엄마, 아빠, 할아버지, 할머니보다 나 자신을 가장 사랑합니다.

'ㅣ' 발음하기

1. 멋지게 미소를 짓듯이 입꼬리를 양쪽으로 당기며 'ㅣ'를 발음합니다. 입꼬리가 눈동자 아래에 위치한다고 생각하면 쉽습니다.

2. 치아와 입술을 세로로 약간씩 벌린 상태여야 합니다.

'ㅣ' 발음은 활짝 웃는 얼굴을 만드는 '개구리 뒷다리' 호흡법에서도 씁니다. 20초 남짓으로 'ㅣ' 발음을 길게 내면 미소를 띤 얼굴이 됩니다. 웃는 얼굴의 근육이 발달되기 때문입니다. 또한 목소리에 웃음, 기쁨과 같은 긍정적인 감정을 담을 수 있습니다.

이-이-이-이-이

이사, 이슬, 이기심, 이구동성, 이글거리다

치아에 낀 이물질을 치실로 뺀 후 양치질을 했다.

이중 모음 'ㅑ' 발음하기

1. 앞에서 배운 대로 'ㅣ'를 발음합니다.
2. 앞에서 배운 대로 'ㅏ'를 발음합니다.
3. 'ㅣ'와 'ㅏ'를 차례로 한 번씩 천천히 발음합니다.
4. 'ㅣ'와 'ㅏ'를 붙여 빠르게 '이-아'라고 발음합니다.

아래는 'ㅑ' 발음을 연습하기 위한 단어와 문장이지만 앞서 연습했던 발음이 포함된 단어들도 보일 것입니다. 'ㅑ' 발음에 집중하되 앞에서 배운 발음들도 또박또박 함께 연습해 보세요.

야-야-야-야-야

야구, 야자, 야식, 야누스, 야단법석

야성미 넘치는 그 사나이의 고민은 가냘픈 목소리였다.

'ㅓ' 발음하기

1. 마치 뺑소니 사건을 목격한 것처럼 황당하다는 듯이 '어?' 하고 소리를 냅니다.
2. 턱이 살짝 내려가는 정도로 입을 벌리며 'ㅓ'를 발음합니다.

'ㅓ'를 발음할 때는 'ㅏ'를 발음할 때보다 턱이 덜 내려간다는 사실에 유의해 주세요.

어-어-어-어-어

어머니, 어금니, 어느새, 어렵다, 어지럼증, 어차피

시장에서 버섯과 더덕을 사서 반찬을 만들었다.

이중 모음 'ㅕ' 발음하기

1. 앞서 배운 'ㅣ'를 발음합니다.
2. 앞서 배운 'ㅓ'를 발음합니다.
3. 'ㅣ'와 'ㅓ'를 차례로 한 번씩 발음합니다.
4. 'ㅣ'와 'ㅓ'를 붙여 빠르게 '이-어'라고 발음합니다.

여-여-여-여-여

여자, 여신, 여보, 여장부, 여가 생활

영화에 나온 여신은 눈이 부시게 아름다웠다.

'ㅗ' 발음하기

1. 입술을 동그랗게 모아 앞으로 쭉 내밉니다. 옆모습을 봤을
   때 입술이 앞으로 나와 있어야 합니다.
2. 상처가 낫기를 바라며 '호오' 입 바람을 불 때처럼 'ㅗ'를 발음
   합니다.

오-오-오-오-오

고모, 노동, 보고서, 소서노, 호오포노포노

소서노는 백제의 건국 설화에 나오는 인물이다.

'ㅛ' 발음하기

1. 앞서 배운 대로 'ㅣ'를 발음합니다.
2. 앞서 배운 대로 'ㅗ'를 발음합니다.
3. 'ㅣ'와 'ㅗ'를 차례로 한 번씩 발음합니다.
4. 'ㅣ'와 'ㅗ'를 붙여 빠르게 '이-오'라고 발음합니다.

요-요-요-요-요

요새, 요즘, 용띠, 교감, 묘안, 효성

요즘 학교에서 요리를 배워요.

일주일간 리포터로 살아 보기

아나운서는 보통 일반인보다 발음할 때 입을 크게 벌립니다. 특히 '아' 발음에서 그렇지요. 모음 'ㅏ'를 발음할 때는 쌈밥을 먹듯이 입을 크게 벌려야 합니다. 예를 들면 '아나운서'에는 '아'와 '나' 두 곳에 모음 'ㅏ'가 들어갑니다. 입을 크게 벌려 '아나운서'를 다섯 번만 발음해 보세요. 발음이 명료해집니다.

발음이 웅얼거린다는 피드백을 많이 받는 사람이라면 입을 크게 벌리는 습관이 들지 않았을 가능성이 높습니다. 이런 경우에는 입을 크게 벌리는 일이 어색하게 느껴지지 않도록 매일 연습을 통해 익히는 것이 중요합니다.

일주일 동안 다음 대본을 연습하며 리포터로 살아 보세요. A는 리포터고 B는 인터뷰 요청에 응하는 시민입니다. 상대방에게 시민 역할을 부탁하고 잠시 리포터가 돼 보세요. 혼자서 일인이역을 해도 좋습니다. 빈칸에는 애드리브를 넣어야 합니다. 웃겨야 한다는 부담감을 내려놓고 앞말과 뒷말을 이어 주는 정도로만 말해도 좋습니다. 애드리브를 해야 하는 이유는 눈으로 보며 읽지 않고 입으로 바로 말할 때 발음이 분명한지 확인하고 연습하기 위함입니다.

지금부터 'ㅏ'가 들어간 곳에 밑줄이나 동그라미를 치고 다음 대본을 읽어 보세요. 'ㅏ' 외에도 발음이 안 되는 곳이 있다면 그 부분에도 표시를 해 보세요.

A: 네, 저는 서울 종로 보신각에 나와 있습니다.
    지금 제 옆에는 새해 소원을 빌기 위해 이곳을 찾은 한 가족이 있습니다.
    안녕하세요?
    가족을 대표해 어머니께서 새해 소원을 말씀해 주시겠어요?
B: 우리 아이가 고3이에요.

새해에는 아이가 원하는 대학에 들어갔으면 좋겠습니다.

A: _____

네, 지금까지 보신각에서 리포터 ○○○였습니다.

면접관이 선호하는 합격의 말투가 있다

· 또박또박 모음 발음법2 ·

면접에서도 말투가 합격에 영향을 미칠까요? 예, 그렇습니다. 한 면접관에게 물어보니 비호감인 지원자들에게는 공통적인 특징이 있다고 합니다. 그리고 비호감이라는 인상이 말의 내용뿐만 아니라 말투에서도 느껴진다고 해요. 참고삼아 함께 보시지요. 성인을 대상으로 채용하는 면접에서 다음과 같은 특징들은 선호하지 않는다는 내용입니다.

1. 아이 같은 목소리와 말투
2. 작은 목소리
3. 톤이 높고 앵앵거리며 빠른 말투

4. 무미건조하고 툭툭 내뱉는 말투

5. 부정확한 발음

어떤가요? 면접이 아니더라도 어디서든 호감을 사기 쉽지 않은 말투라고 생각합니다. 각각의 요소를 하나씩 살펴보겠습니다.

첫째, 아이 같은 목소리와 말투

직장에서 신뢰를 주기 어렵습니다. 일을 야무지게 처리해도 말투가 아이 같다면 왠지 큰일을 맡기기에 꺼려질 수 있습니다. 물론 아이 같은 목소리로도 신뢰감을 쌓아 가며 일을 처리하는 사람이 있을 수도 있지요. 하지만 면접은 20분 내외라는 짧은 시간 안에 사람을 판단해야 하는 특수한 상황이기 때문에 면접관이 정해진 시간 안에 면접자로부터 신뢰감을 찾아내기는 힘듭니다.

둘째, 작은 목소리

역시 업무적인 소통에 방해가 됩니다. 상대방이 "방금 뭐라고 말씀하셨어요?"라고 되물을 수 있습니다. 소리가 작으면 내용을 아예 못 알아듣기 때문이지요. 목소리가 정말 작은 직장인을 만난 적이 있습니다. 그분과 대화하려면 귀에 온 신경을 다 쏟아 경청해야 할 정도였어요. 특히 음악이 나오는 카페에 가면 음악 소리에 목소리가 묻혀 무슨 말을 하는지 들리지 않아 소통이 매우 어려웠습니다. 듣는 사람도 이렇게 스트레스를 받는데 말하는 사람은 오죽할까요? 작은 목소리는 나와 타인 모두를 답답하게 합니다. 면접같이 누군가를 처음 만나는 자리에서는 더욱 그렇지요.

셋째, 목소리가 하이 톤이고 앵앵거리며 빠른 말투

이런 말투는 듣는 사람을 불안하게 합니다. 도로를 과속하는 차량을 볼 때 같은 마음이 되지요. 속도가 빠르니 무슨 말을 하는지 도통 알아들을 수 없습니다. 여유 없어 보이기도 하고요. 말하는 사람 스스로도 자신의 속도를 제어하지 못하는 것 같아 안타까워 보입니다. 여기에 앵앵거리는 콧소리까지 과하다면 부담스럽게 느껴질 수 있어요.

넷째, 무미건조한 목소리와 툭툭 내뱉는 말투

이런 말투를 가진 사람은 어떨까요? 가급적 함께 일하고 싶지 않을 것입니다. 사무적이고 이기적인 이미지 때문 아닐까요? 공공 기관의 공무원 중에 이런 말투를 쓰는 분들이 더러 있지요. 사무적인 목소리에서 딱딱함이 전해집니다. 상대방을 그다지 반기지 않는 것만 같아요. 만일 이 공무원은 반가운 마음이었는데 사무적인 목소리 때문에 민원인이 오해를 한다면 어떨까요? 참 억울할 것 같습니다. 면접을 보는 상황이라면 이런 말투의 지원자에게는 질문도 적게 옵니다. 말을 붙이고 싶지 않으니까요.

마지막, 부정확한 발음

부정확한 발음은 소통에 좋지 않습니다. 물론 발음의 실수는 누구나 합니다. 몇 번은 웃어넘길 수도 있습니다. 하지만 업무를 볼 때 발음이 부정확하면 소통에 문제가 생깁니다. 앞서 예를 들었듯 '기관'을 [기간]이라고 발음하면 어떤가요? 뜻이 완전히 달라집니다. 문장의 맥락으로 단어를 유추할 수는 있지만 그것도 한두 번이지 이런 일이 반복된다면 듣는 사람의 입장에서는 소통이 힘들지요. 그뿐만 아니라 웅얼거리는 발음도 소통에 문제를 줍니다. 본인 스스로도 발음이 좋지 않다는 사실을 인식하고 있다면 대인 관계에서 위축될 수 있지요.

위에서 말한 말투들은 면접의 결과뿐만 아니라 채용 이후의 회사 생활에서도 문제가 될 수 있습니다. 인간관계에서 호감을 주려면 말의 내용이 좋아야 할 뿐만 아니라 말의 전달력이 좋아야 합니다. 사람들은 의외로 목소리와 발음을 비롯한 말투의 영향력을 간과합니다. 면접을 위해 정장을 구매하고 성형까지 하며 수많은 노력을 기울이면서도 말입니다. 그러나 이제는 적어도 면접관이 싫어하는 말투만큼은 보완하는 것이 좋겠습니다. 첫인상부터 호감을 줄 수 있도록 말의 전달력을 높여 보세요.

첫인상부터 호감을 주는
모음 발음법

'┬' 발음하기

1. 입술을 앞으로 동그랗게 내밉니다. 뽀뽀할 때처럼 입술을 내
   민다고 생각하면 쉽습니다.
2. 'ㅗ'를 발음할 때보다 입술을 위로 올립니다.

우-우-우-우-우

우리, 우정, 우산, 우거지, 우글거리다

구리, 둘리, 숙주, 부부, 공부, 초고추장

'ㅠ' 발음하기

1. 앞서 배운 대로 'ㅣ'를 발음합니다.
2. 앞서 배운 대로 '┬'를 발음합니다.
3. 'ㅣ'와 '┬'를 차례로 한 번씩 발음합니다.
4. 'ㅣ'와 '┬'를 붙여 빠르게 '이-우'라고 발음합니다.

유-유-유-유-유

유리, 유성, 유세, 유공자, 유유상종

융통성 있는 여성 리더가 유리 천장을 깨부수고 있다.

'ㅡ' 발음하기

1. 징그러운 것을 보고 '으~' 하는 소리를 낼 때처럼 입꼬리를 양옆으로 평평하게 잡아당깁니다.
2. 입술과 치아를 완전히 다물지 않고 약간 벌립니다.
3. 턱이 내려오지 않게끔 'ㅡ'를 발음합니다.

'ㅓ' 발음과 'ㅡ' 발음을 헷갈려 하는 사람이 많습니다. 예를 들면 '음악'을 발음할 때 [으막]이 아닌 [어막]이라고 발음하는 경우입니다. 'ㅡ' 발음을 헷갈리지 않으려면 손을 이용하는 것이 좋습니다. 엄지와 검지를 집게 모양으로 만든 뒤 '으' 발음을 해 보세요. 입을 양쪽으로 벌릴 때 집게 모양의 손도 같이 벌리는 것입니다.

으-으-으-으-으

으뜸, 으르렁, 으하하, 으스대다, 으슥하다

내 그림이 드라마에 나와서 신이 나 어깨를 으쓱거렸다.

어제 은혜는 회를 썰었고 언니는 가슴을 쓸어내렸다.

기분이 울적할 때는 방 안의 먼지를 털고 음악을 틀어 보세요.

'ㅢ' 발음하기

1. 앞서 배운 대로 'ㅡ'를 발음합니다.
2. 앞서 배운 대로 'ㅣ'를 발음합니다.

3. 빠르게 '으-이'를 연달아 발음하면 'ㅢ'가 됩니다.

'ㅢ' 발음은 이중 모음 [의]로 발음하는 것이 원칙이나, 쉽게 발음하기 위해서 [에]와 [이]로 발음하는 것을 허용하는 경우가 있습니다. 'ㅢ'가 단어의 맨 앞에 올 때와 맨 뒤에 올 때, 문장의 중간에서 소유격으로 쓰일 때 발음이 달라집니다.

- 'ㅢ'가 단어 맨 앞에 올 때: [으+이] 의사, 의술, 의형제, 의롭다, 의젓하다
- 'ㅢ'가 소유격으로 쓰일 때: [에] 엄마의 추억[엄마에 추억], 아버지의 술[아버지에 술]
- 'ㅢ'가 단어 맨 뒤에 올 때: [이] 신의[시니], 저의[저이], 무늬[무니], 강의[강이]

민주주의의 의의[민주주이에 의이]

요주의[요주이] 인물이니까 조심하세요.

'ㅘ' 발음하기
1. 앞서 배운 대로 'ㅗ'를 발음합니다.
2. 앞서 배운 대로 'ㅏ'를 발음합니다.
3. 빠르게 '오-아'를 연달아 발음하면 'ㅘ'가 됩니다.

'ᅪ' 발음을 부정확하게 발음하는 원인은 대체로 'ᅡ'라고 발음하기 때문입니다. 예컨대 '기관'을 [기관]이라고 읽지 않고 [기간]이라고 읽는 경우지요. 발음이 정확하지 않으면 전혀 다른 뜻을 전하게 돼 소통에 문제가 생깁니다. 해결법은 'ㅗ' 발음을 꼭 넣어 주는 것입니다. 습관이 오래돼 계속 'ᅡ'라고 발음한다면 이 모음을 집중적으로 연습해서 개선해 봅시다.

와-와-와-와-와

와전, 와인, 와신상담

광안리, 기관, 시민 문화 회관, 화재

과학적으로 봤을 때 좌우가 정확합니다.

10일까지 기간 내에 기관에 서면으로 제출하세요.

'ᅯ' 발음하기

1. 앞서 배운 대로 'ᅮ'를 발음합니다.
2. 앞서 배운 대로 'ᅥ'를 발음합니다.
3. 빠르게 '우-어'를 연달아 발음하면 'ᅯ'가 됩니다.

원수, 원두막, 원래[월래], 월요일[워료일], 원대하다

뭐든지, 권리[궐리]

'귀' 발음하기

1. 앞서 배운 대로 'ㅜ'를 발음합니다.

2. 앞서 배운 대로 'ㅣ'를 발음합니다.

3. '우-이'를 연달아 발음하면 '귀'가 됩니다. '귀'는 본디 단모음 이지만 이중 모음으로도 쉽게 발음합니다.

위-위-위-위-위

위기, 위급, 위동맥, 위독하다, 위문편지

위생 관리에 위기가 온 주방의 모습을 보고 귀인이 도와줬다.

한마디를 하더라도
자신 있게 하는 법

· 발음이 비슷한 모음들 ·

"선생님, '외', '왜', '웨', '애', '에', '얘', '예'의 발음은 어떻게 달라요? 한국인 친구한테 물어봐도 모르겠대요."

유학생들에게 많이 받는 질문 중 하나입니다. 외국인은 한국어의 비슷한 발음들을 어려워하지요. 결론부터 말하자면 비슷한 발음 때문에 스트레스 받지 마세요. 비슷한 발음을 비슷하게 발음해도 한국인과 혹은 한국인끼리 소통하는 데 문제가 없습니다. 길거리를 지나가는 한국 사람을 아무나 붙잡고 앞서 말한 발음들의 차이에 대해 설명해 달라고 하면 잘 못할 거예요. 그만큼 한국인도 비슷하게 발음하고 있습니다. 국어학자, 국어 교사, 아나운서는 차이를 알고 있겠지만요.

그래도 명확하게 알면 우물우물 넘어가지 않고 정확히 발음할 수 있으니 설명해 볼게요. 국립 국어원의 자료를 참고했습니다. 우선 '외할머니'를 발음해 봅시다. '외할머니'의 '외'는 [우]와 [에]를 합쳐 [웨]라고 발음할 수 있습니다. '웬일이야?'의 '웬'도 앞에서 발음한 [웨]와 발음이 같습니다. '왜냐하면'의 '왜'는 [오]와 [애]를 합쳐 [왜]라고 발음합니다. 앞의 세 발음을 직접 소리 내면서 차이를 들어 보세요. 별 차이가 없지요? 참고로 '외'는 단모음으로 발음할 수 있지만 현대에서는 잘 쓰지 않습니다.

이렇게 서로 비슷하게 들리는 발음보다도 정확하게 구분해야 하는 발음을 공부하는 것이 더 도움됩니다. 보통 연변에서 온 사람들이나 중국인들은 '바'와 '빠'와 '파', '다'와 '따'와 '타'의 발음을 어려워합니다. '바빠요'를 [바파요]라고 발음이 새듯이 말하기도 하지요. 일본인들은 '어'를 [오]로 발음하는 경우가 많아요. '어머니'를 [오모니]라고 한다든지요. 그 밖에 '읽다', '밟다', '닮다' 등 겹받침 읽는 법을 배우면 더 도움이 됩니다. '의'를 [의], [에], [이]로 발음하는 법칙을 아는 것도 좋습니다.

정확히 구분해야 하는 발음을 틀리면 소통에 오류가 생길 수 있습니다. '사다'와 '싸다'는 의미가 완전히 다른 말인데 비슷하게 발음하면 뜻 전달이 잘 안 되겠지요? 또한 지적인 이미지를 주기도 어려워집니다.

비슷하게 들리는
한국어 모음 구분하기

한국인 중에 다음의 비슷한 발음들을 정확하게 구분하는 사람은 거의 없습니다. 말할 때 큰 차이가 나지 않기 때문입니다. 비슷하게 발음해도 소통이 가능하지요. 그러나 제대로 알지 못하는 발음 앞에서 우리는 자신 있게 말하기 어렵습니다. 그래서 우물우물 발음하며 대충 넘길 때도 있지요. 발음의 차이를 정확하게 알고 나면 자신감 있게 말하는 데 도움이 됩니다. 제가 아나운서로서 말을 했을 때 더욱 자신감이 더해진 이유이기도 합니다. 그리고 하나씩 차이를 알아 가면서 배우는 것이 의외로 재밌습니다.

단, 한국말을 배우는 외국인이라면 다음의 발음들은 비슷하게 읽어도 괜찮습니다. 즐겁게 배우시되 발음을 너무 정확하게 하려고 스트레스 받지 마세요. 또한 읽기와 쓰기는 다르니 쓸 때는 단어를 착각하지 않도록 유의해 주세요.

'⏊'와 '⏊'를 발음하는 방법의 차이

- ㅐ: 턱을 내리고 혀를 바닥에 두면서 발음합니다.
- ㅔ: 립밤을 바르기 위해 '에-' 하고 입을 벌리는 것처럼 발음합니다. 'ㅐ'를 발음할 때보다 입을 작게 벌립니다.

단어와 문장을 읽으며 두 발음을 구분해 봅시다.

애-에-애-에-애-에

애국, 애인, 애민 정신, 해모수, 산채비빔밥

에나멜, 에구머니, 베개, 멍에, 꽃게탕

우리 집 개는 꽃게를 좋아한다.

추진 중인 계획을 신중하게 재고했더니 결과적으로 국가 경쟁력이 제고
됐다.

담배는 건강을 해친다. 담배의 중독성을 헤쳐 나가야 한다.

'ㅐ'와 'ㅔ'를 발음하는 방법의 차이

- ㅐ : 앞서 배운 'ㅣ'와 'ㅐ'를 이어서 발음하면 'ㅐ'가 됩니다.
  이때 앞에 나오는 소리 'ㅣ'는 짧게 발음하고 뒤에 나오는 소
  리 'ㅐ'는 길게 발음합니다.
- ㅔ : 앞서 배운 'ㅣ'와 'ㅔ'를 이어서 발음하면 'ㅔ'가 됩니다.
  이때 앞에 나오는 소리 'ㅣ'는 짧게 발음하고 뒤에 나오는 소
  리 'ㅔ'는 길게 발음합니다.

애기, 애기꾼, 애깃거리

예고, 예감, 예비 신랑, 판례[팔례], 날계란, 상견례[상견녜]

예비 신랑은 상견례에서 재밌는 애깃거리로 마치 애기꾼처럼 분위기를
띄웠다.

'괘'와 '괴'와 '궤'를 발음하는 방법의 차이

- 괘: 앞서 배운 'ㅗ'와 'ㅐ'를 이어서 발음하면 '괘'가 됩니다.
- 괴: 앞서 배운 'ㅜ'와 'ㅔ'를 이어서 발음하면 '괴'가 됩니다.

  '괴'와 '궤'는 소리 나는 발음이 같습니다.
- 궤: 앞서 배운 'ㅜ'와 'ㅔ'를 이어서 발음하면 '궤'가 됩니다.

참고로 '괴'는 단모음이지만 이중 모음으로도 발음할 수 있습니다. 단모음이란 발음 도중에 입술 모양이나 혀의 위치가 달라지지 않는 모음을 말합니다. 이중 모음이란 입술 모양이나 혀의 위치가 달라져서 첫소리와 끝소리가 다른 모음을 말합니다. 이 경우 이중 모음이 발음하기 훨씬 쉬우므로 이중 모음으로 발음하는 것을 추천합니다.

왜가리, 왜냐하면, 왠지, 왜소하다, 쾌차, 돼지, 괜찮아요

외할머니, 외삼촌, 외숙모, 외가댁, 왼쪽, 금괴, 번뇌

웬일, 웬만큼, 웨딩드레스, 궤도

돼지처럼 살찐 외사촌 언니가 웨딩드레스를 입기 위해 운동을 했더니 왜소해졌다.

일본의 역사 왜곡으로 인해 훼손된 우리나라의 명예를 되찾는 캠페인을 벌인다.

디테일을 알 때
더 분명하게 전달된다

· 또박또박 자음 발음법 ·

한국어를 수준급으로 구사하는 조선족 출신 중국어 강사가 저를 찾아온 적이 있습니다. 중국 말을 쓰는 조선족을 대상으로 한국어 교육을 맡았는데 막상 가르쳐 보니 수강생들의 발음에 큰 문제가 있다고요. 중국에서 온 분들은 특히 '바'와 '빠'와 '파', '다'와 '따'와 '타', '가'와 '까'와 '카' 같은 자음 발음을 어려워합니다. 중국의 발음과 한국의 발음이 다르기 때문이지요. 이분은 각종 영상 자료나 아나운서로부터 발음을 배워서 가르쳤지만 그럼에도 수강생이 잘 못 알아들어 고민이라고 했습니다. 왜일까요? 길 가는 한국인을 붙잡고 한국어의 발음 차이를 설명해 달라고 하면 잘 못합니다. 한국어를 모국어로서 발음하기는 쉬워도 그 차이를 정확하게 설명하기란 어렵기 때문이지요. 때문에 저는 연구 끝에 다음의 방법들로 아주 쉽게 발음을 풀어냈습니다. 결과는 어떻게 됐을까요? 조선족 수강생의 발음이 정확해졌다며 감사의 연락을 받았습니다. 여러분도 쉽게 배워 보시기를 바랍니다.

말의 디테일을 살리는 자음 발음법

다음은 자음을 발음할 때 혀와 입술의 위치를 알려 주는 그림입니다. 참고해 자음을 발음하는 방법을 익혀 보세요.

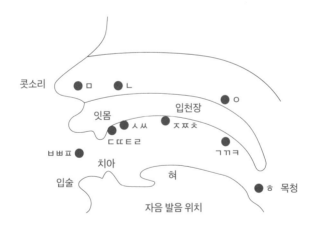

'ㄱ(기역)', 'ㄲ(쌍기역)', 'ㅋ(키읔)' 발음하기

- [가]: 혀뿌리를 입천장 뒤쪽의 연한 부분에 붙였다 떼면서 발

음합니다.

- [까]: '가'를 발음할 때보다 세게 터뜨리며 발음합니다.
- [카]: '가'를 발음할 때보다 거세게 바람 소리를 넣으며 발음합니다.

교사, 국어 과목, 국민 청원, 공동 주택 공시 가격, 그것이 알고 싶다
꿀밤, 꼬부랑, 꼬챙이
칼국수, 크릴새우, 킬러들의 수다, 코폴리에스테르, 커튼, 커피
꼬부랑 할머니가 콩깍지와 꼬챙이를 들고 꼬부랑길을 걸어간다.

'ㄷ(디귿)', 'ㄸ(쌍디귿)', 'ㅌ(티읕)' 발음하기

- [다]: 목젖으로 콧길을 막고 혀끝을 윗잇몸에 붙여 막았다 떼며 발음합니다.
- [따]: '다'를 발음할 때보다 세게 터뜨리며 발음합니다.
- [타]: '다'를 발음할 때보다 거세게 바람 소리를 넣으며 발음합니다. 이때 손바닥을 입술 앞에 대고 바람이 나오는지 확인합니다.

다음, 대국민, 도깨비, 들기름, 대한민국, 다우 지수, 동상이몽
땅, 딸, 용띠, 떡볶이[떡뽀끼], 띄어쓰기[띠어쓰기]
털, 태국, 토끼띠, 특종 기사, 트랜스포머

열매를 다 따요, 다 따.

제 차에 다 타요, 다 타.

'ㅂ(비읍)', 'ㅃ(쌍비읍)', 'ㅍ(피읖)' 발음하기

- [바]: 목젖으로 콧길을 막고 입술을 다물었다가 떼며 발음합니다.
- [빠]: '바'를 발음할 때보다 세게 터뜨리며 발음합니다. '바'보다 음이 더 높습니다.
- [파]: '바'를 발음할 때보다 거세게 바람 소리를 넣으며 발음합니다.

부산, 보배, 부케, 봄밤, 부부의 날, 버드나무

뽀뽀, 뻐꾸기, 빠삭하다, 빠르다

파견, 포도, 파급 효과, 프리바이오틱스

바빠요, 바빠.

비 피해요, 비 피해.

부산 바닷가에서 파도를 보다가 갑자기 내리는 비를 피해 빠르게 뛰었다.

'ㅈ(지읒)', 'ㅉ(쌍지읒)', 'ㅊ(치읓)' 발음하기

- [자]: 혓바닥을 입천장에 붙였다가 터뜨리며 발음합니다.
- [짜]: '자'를 발음할 때보다 숨길을 닫고 세게 터뜨리며 발음

합니다.

- [차]: '자'를 발음할 때보다 거세게 바람 소리를 넣으며 발음합니다.

자기, 주식, 저기요, 주황색, 전율, 주주 총회

짜장면, 짜릿하다[짜리타다], 종이 쪼가리, 여쭈다

충전, 추진, 추천, 최종 점검, 추수 감사절

자요, 짜요, 차요

늦은 밤 헤어진 남자 친구로부터 "자니?"라는 문자를 받았다. 마음이 짠했다. 하지만 그가 예전에 했던 차가운 말이 떠올라 그만 문자를 삭제했다.

'ㅎ(히읗)' 발음하기

- [하]: 목 안에서 목청을 좁혀 숨을 내쉴 때 마찰음이 일어납니다. 창문을 닦기 위해 '하아~' 입김을 내쉴 때처럼 발음합니다.

하-하-하-하-하

하루, 대한민국, 후광 효과[효:꽈/효:과], 의형제

발음 하나에
일희일비하지 마라

· 틀리기 쉬운 자음 발음 ·

'ㅅ(시옷)' 발음이 새는 수강생이 있었습니다. 그분은 어렸을 때부터 친구들에게 많은 놀림을 받았다고 했지요. 발음 연습을 할 때 눈물이 그렁그렁 맺혀 있었던 모습이 기억납니다. 얼마나 속상했을까요?

만약 발음에 대한 안 좋은 기억이 있다면 그럴수록 발음을 배울 때 재미에 더 무게를 둬 보세요. 지나치게 정확히 발음하려다 보면 오히려 스트레스가 될 수 있습니다. 우리가 발음을 배우는 이유는 무엇일까요? 발음을 정확하게 하는 것을 넘어 자신감 있게 말하기 위함입니다. 발음을 조금 틀려도 자신 있게 말하는 것이 더 중요합니다. 그러니까 재미있게 마음 편히 배워 보세요.

가벼운 마음으로 배우는
틀리기 쉬운 자음들

'ㄹ(리을)' 발음하기

1. [라]: 혀끝을 윗잇몸에 살짝 댔다 떼면서 발음합니다.
2. 영어 [R]과는 다른 발음입니다. 'R'은 목구멍 쪽으로 혀를 롤처럼 말아서 발음합니다. 주로 교포, 외국인 또는 영어 능력자가 많이 하는 발음 실수입니다.

라면, 로마, 리콜, 울산, 다락방, 들락날락

라일락, 라벤더, 로즈메리, 민들레를 분갈이하며 열심히 관리[괄리]한 보람이 있다.

'로봇'과 'Robot', '라디오'와 'Radio'는 발음이 다르다.

'ㅅ(시옷)', 'ㅆ(쌍시옷)' 발음하기

- [사]: 목젖으로 콧길을 막고 혓바닥 앞쪽을 윗잇몸에 닿을락 말락 할 정도로 올려서 내쉬는 숨에 발음합니다.

  혀끝을 윗잇몸에 붙여 막았다 떼며 소리 내는 [다]와는 발음이 다릅니다. 혀가 치아 밖으로 나오는 영어 발음 [th]와도 다릅니다.

  소리가 지나치게 샐 경우에는 모음에 집중해서 발음해 보세요. 예를 들어 '사슴'을 발음할 때 모음에 집중해 [아음]이라고 연습한 후 'ㅅ' 발음을 살짝 얹어서 [사아스음]이라고 발음합니다.

- [써] : [사] 발음보다 목과 혀에 힘을 주면서 짧고 강하게 발음합니다.

수사슴, 쌀벌레, 쌍둥이와 함께 사는 성수산 씨는 쑥국을 사랑합니다.
[우아음, 알얼에, 앙웅이와 암에 아은 엉우안 이은 욱욱을 아앙압이아.]

'ㄴ(니은)', 'ㅁ(미음)', 'ㅇ(이응)'의 과한 콧소리 빼기

- [나]: 혀끝을 윗잇몸에 붙였다 떼면서 콧속에 진동을 일으키며 울립니다.
- [마]: 입술을 다물어 입안을 비우고 목에서 나오는 소리를 콧구멍으로 내보냅니다.
- [아]: 혀뿌리로 목젖이 달린 입천장 뒤쪽을 막고 목에서 나오는 소리를 코로 보내 울립니다.

'ㄴ', 'ㅁ', 'ㅇ'은 코 안을 울리면서 내는 소리, '비음'입니다. 발음할 때 코맹맹이 소리가 나는 이유입니다. 지나친 코맹맹이 소리는 개선할 필요가 있습니다. 비음은 소리의 방향이 위쪽으로 향하기 때문에 나는 것이므로 앞쪽으로 뻗어 가듯 뒷부분은 아래로 내리면서 말을 해 봅시다. 또한 '아, 야, 어, 여, 오, 요, 우, 유, 으,

이' 같은 모음 발음에서 입을 크게 벌려 줘야 합니다.

나비, 노새, 누리, 널뛰기, 니체

마님, 마음, 미움, 말동무, 무나물

아저씨, 우리, 여울, 이구동성

발음표로
정확한 발음 체득하기

다음은 발음 연습표입니다. 모음을 발음하는 방법을 쉽게 기억할 수 있도록 '쌈밥', '이아', '황당'과 같은 식으로 발음에 대한 팁을 요약해 뒀습니다. 이는 모두 앞서 배운 발음법의 설명에서 가져온 것으로 발음법을 상기할 수 있어서 편리합니다. 예컨대 '쌈밥'은 쌈밥을 먹을 때처럼 입을 크게 벌리면서 'ㅏ'를 발음하라는 의미입니다. '이아'는 '이'와 '아'를 빠르게 연달아 발음해서 '야'를 발음하라는 의미입니다.

나머지 발음에 대한 팁은 앞에서 배운 모음 발음법을 읽으면 이해가 빠를 것입니다. 'ㄱ', 'ㄴ', 'ㄷ'과 같은 자음 발음 또한 앞에서 제시한 '자음 발음 위치' 그림과 자음 발음법을 통해 혀와 입술의 위치를 참고해 주세요. 다음의 발음표 페이지를 오려 눈에 잘 보이는 곳에 붙여 두면 틈날 때마다 연습할 수 있어 편리합니다.

쌈밥	가	나	다	라	마	바	사	아	자	차	카	타	파	하	오아	와
이아	갸	냐	댜	랴	먀	뱌	샤	야	쟈	챠	캬	탸	퍄	햐	우어	워
황당	거	너	더	러	머	버	서	어	저	처	커	터	퍼	허	우이	위
이어	겨	녀	뎌	려	며	벼	셔	여	져	쳐	켜	텨	펴	혀	우에	웨
호오	고	노	도	로	모	보	소	오	조	초	코	토	포	호	우에	외
이오	교	뇨	됴	료	묘	뵤	쇼	요	죠	쵸	쿄	툐	표	효	오애	왜
뽀뽀	구	누	두	루	무	부	수	우	주	추	쿠	투	푸	후	크게	애
이우	규	뉴	듀	류	뮤	뷰	슈	유	쥬	츄	큐	튜	퓨	휴	작게	에
징글	그	느	드	르	므	브	스	으	즈	츠	크	트	프	흐	이애	얘
미소	기	니	디	리	미	비	시	이	지	치	키	티	피	히	이에	예

으이	
에	의
이	

자연스러운 표준어
발음의 비밀

· 표준어 연음 법칙 ·

서울 사람이랑 경상도 사람은 이름을 부를 때 왜 다르게 발음할까요?

한 시상식의 MC를 맡은 자리였습니다. 수상할 사람을 호명했는데 정작 수상자가 자기 이름이 불렸다는 사실을 모르더라고요. 경상도에 거주하는 분이라 자신의 이름을 연음으로 들을 일이 없어서 몰랐던 눈치였어요. '연음 법칙'이란 쉽게 말해 이어지는 소리를 말합니다. 예를 들어 '말을 해라'를 발음하면 [마를 해라]라고 소리 나는 것이지요. 그래서 공적인 자리에서 호명할 때는 '박', '선', '영' 하고 한 글자 한 글자 띄어서 읽어 주는 편이 좋습니다. 하지만 평상시에는 연음으로 불러도 좋아요. 이렇게 말입니다.

김민영[김미녕], 조은영[조으녕], 박선영[박서녕]

받침에 따른
연음 법칙 사용 방법

연음 법칙은 표준어 억양을 배울 때 큰 도움이 됩니다. 보통 사투리에서는 연음 법칙을 생략하는 경우가 많기 때문입니다. 억양도 동시에 익힐 수 있도록 다음의 발음들을 연습할 때는 강세를 앞 글자에 둬 보세요. 뒤에 오는 글자는 앞 글자보다 상대적으로 적게 힘을 줍니다.

홑받침인 경우

첫 글자의 받침이 다음 글자의 'ㅇ'을 만나 연음으로 발음됩니다. 단, 첫 글자의 받침이 'ㅇ'이나 'ㅎ'일 때 다음 글자가 'ㅇ'으로 시작하면 연음되지 않습니다.

국어[구거], 밥이[바비], 감아[가마], 걷어[거더], 낮이[나지], 빛이[비치]
부엌이[부어키], 부엌에[부어케], 부엌을[부어클], 같아[가타], 밖이[바끼]
갔어[가써], 갚아[가파], 금융[그뮹/금늉] 지식
월요일[워료일], 목요일[모교일], 금요일[그묘일], 일요일[이료일]
절약[저략] 좀 하자.

감염[가:몀] 됐어?

강의[강이], 놓아[노아]

겹받침인 경우

첫 글자의 겹받침이 다음 글자의 'ㅇ'을 만나 연음으로 발음됩니다. 단, 첫 글자의 겹받침이 'ㄴ ㅎ'일 때는 연음되지 않습니다.

읽어[일거], 읊어[을퍼], 핥아[할타], 맑아[말가], 앉아[안자]
않아[아나], 싫어[시러]

발음, 발성, 억양을 한 번에 잡는 인사법

인사는 사람과 사람을 이어 주는 첫마디입니다. 인사를 하는 둥 마는 둥 하거나 작은 소리로 한다면 상대방의 기억에 남기 쉽지 않겠지요. 직장 생활에서는 특히 기운찬 인사가 사람들에게 좋은 이미지를 심어 줍니다. 이를 계기로 좋은 기회가 오기도 하지요.

다음은 복이 들어오는 인사법입니다. 인사할 때마다 탄탄한 발성과 또렷한 발음을 함께 연습한다는 생각으로 연습해 봅시다. 이름에는 연음 법칙을 적용해 보세요.

1. 코와 입으로 5초간 숨을 마시며 서서히 배를 부풀립니다. 아랫배를 안쪽으로 당기는 동시에 강하게 힘을 주면서, '안! 안! 안! 안! 안!' 하며 숨을 뱉습니다.

2. 같은 방법으로 '안녕하십니까?'라고 말해 봅시다. '안'에서만 힘을 줍니다. 지나치게 힘주지 않고 '안'이 포인트가 될 정도로만 힘을 줍니다.

3. 같은 방법으로 다음 문장을 읽어 봅시다. '안'과 '홍'에서만 힘을 줍니다.

'안'녕하십니까? '홍'길동입니다.

4. '홍길동' 대신 자신의 이름을 넣어서 말해 봅시다.

'안'녕하십니까? 'O'OO입니다.

어떻게
상대와
여유롭게
소통할까?

| 속도 조절 훈련 |

"일방적으로 쏟아 내는 대화"에서
"템포를 맞추는 센스 있는 대화"로

"랩처럼 흘러가 버리는 말투"에서
"한마디 한마디 기억에 남는 말투"로

"상대방까지 불안해지는 급한 말투"에서
"우아하고 여유로운 말투"로

"긴장할수록 말이 빨라지는 발표"에서
"평정심을 유지하는 성공적인 발표"로

말에는
적정 속도가 있다

· 끊어 읽기 ·

유튜브 영상 편집자가 제게 하소연을 했습니다. 출연자가 편집을 해 달라고 영상을 보냈는데 말의 속도가 너무 느려 난감하다고요. 편집의 힘으로 말하는 속도를 조정해 봤지만 오히려 더 어색해진다는 것입니다. 그렇다고 느린 대로 그냥 두자니 시청자가 영상을 끝까지 안 볼까 봐 염려가 되기도 하고요. 그러면서 묻더군요. 도대체 왜 이렇게 느리게 말하는 건가요?

한편 말이 너무 빨라서 고민인 교수도 있었어요. 이분의 강의를 들은 적이 있는데 저도 덩달아 마음이 바빠지더군요. 말의 속도가 빠르니 강의를 이해하기도 쉽지 않았습니다. 경력이 꽤 있는 분이었는데 말에서 경력의 무게가 느껴지지 않아서 아쉬웠어요.

이처럼 누구나 말하는 속도가 빠를 수도, 느릴 수도 있습니다. 타고난 성격이나 자라난 환경 등의 영향을 받아 속도가 달라지지요. 말하는 속도는 특히 발표나 미팅, 방송에서 말할 때 더욱 크게 두드러집니다. 이 때문에 뉴스 앵커는 뉴스를 듣기 좋은 속도로 전하는 훈련을 합니다. 왜일까요? 말하는 사람보다 듣는 사람을 더 배려해야 하기 때문입니다. 말의 속도는 배려입니다.

가장 듣기 좋은 속도는 어느 정도일까요? 저는 뉴스 앵커들이 말하는 속도라고 생각합니다. 앵커들은 1분에 약 350음절을 말합니다. 물론 말하는 동시에 자신이 1분 동안 몇 음절을 말하는지 세고 있을 수는 없습니다. 따라서 뉴스 한 편을 들으면서 적정 속도에 대한 감을 익혀 보시기를 추천합니다. 또한 이번 단계에서 '끊어 읽기'를 비롯해 여유 있는 속도를 갖추기 위한 스킬들을 배워 보시기 바랍니다. 이를 적용해 실습 예문으로 연습하고 이후에는 실생활 대화에서도 이어 갈 수 있게 꾸준히 연습해 보세요.

베테랑 아나운서도 꼭 지키는 끊어 읽기

다음은 아나운서들이 원활한 정보 전달을 위해 생방송 전 원고에 끊어 읽을 부분을 체크하는 방법입니다. 따라 하며 적정 속도의 감을 익혀 보세요.

1. 소리 내지 않고 눈으로 읽으며 전체 내용을 파악합니다.
2. '누가, 언제, 어디서, 무엇을, 어떻게, 왜'의 육하원칙을 적용해서 의미별로 '끊어 읽기' 표시(/)를 해 주세요. 문장이 시작되는 부분에서는 끊어 읽기 표시를 두 번(//) 해 주세요.
3. 소리 내서 읽을 때는 끊어 읽기 표시(/)에서 0.5초간 숨을 마십니다. 숨이 충분하다면 침묵합니다. 끊어 읽기 표시가 두 번 된 부분(//)에서는 1초간 빠르게 많은 양의 숨을 마십니다. 숨을 마시면서 소리를 내야 발성이 잘되기 때문입니다.
4. 끊어 읽기 표시 바로 다음에 오는 글자는 힘주고 읽습니다.
5. 사람마다 숨의 양이 다르므로 끊어 읽기에 정답은 없습니다. 숨이 모자라는 곳에는 끊어 읽기 표시를 두 번 해서 숨을 충분히 마시는 것이 좋습니다.

// 아나운서는 / 생방송 전에 / 원고에 / '끊어 읽기'를 / 표시하고, / 읽기 연습을 / 합니다.
// 수십 년 경력의 / 베테랑 아나운서도 / 잊지 않고 / 꼭 하는 습관입니다.
// '끊어 읽기'를 하면 / 원고의 전체적인 내용을 / 더 빠르게 / 파악할 수 있습니다.

위의 예문처럼 끊어 읽기 표시를 해 보세요. 또한 합성어도 의미별로 끊어 읽기가 가능합니다.

정신 건강 의학과 교수 홍길동입니다.

    이 문장에서 '정신 건강 의학과'는 둘 이상의 단어가 합쳐진 합성어입니다. 말하는 속도가 빨라 고민인 분들은 주로 이런 합성어를 빠른 속도로 후루룩 말해 버려서 의미 전달에 오류가 생기고는 합니다. 이런 경우에도 의미별로 끊어 읽어야 합니다. 다음처럼 의미 또는 단어별로 문장을 나눠 보세요.

정신 ∨ 건강 ∨ 의학과 교수 / 홍길동 ∨ 입니다.

    그럼 어떻게 읽어야 할까요?

    첫째, 단어로 나눌 수 있는 곳마다 ∨(체크) 표시를 해 보세요. 이렇게 나눠 놓으면 합성어를 후루룩 흘러가듯 빠르게 말하지 않습니다. 게다가 의미 전달도 잘됩니다.

    둘째, 각 단어의 첫 글자마다 힘을 주며 말해 주세요. 힘주는 글자만 모으면 다음과 같습니다. '정', '건', '의', '홍', '입'. 이 부분을 제외한 곳에서는 힘을 주지 않습니다. 이러면 힘을 주는 곳은 강, 힘을 안 주는 곳은 약으로 표현됩니다. 즉 박자 감각이 생기면서 듣는 사람의 귀에 말을 확 꽂아 넣을 수 있습니다. 만약 '의학과 교수'마저도 빠르게 후루룩 말하게 된다면 마찬가지로 각 단어 사이에 체크 표시를 합니다. 자신의 속도에 맞게 표시해 보세요.

우아하고 리듬감 있는
아나운서 말투의 비결

· 장음 ·

장음은 길게 나는 소리를 뜻합니다. 장음을 쓰면 강조가 필요한 부분에 자연스럽게 힘이 실리면서 말에 리듬이 생기고 덩달아 여유로워 보이는 효과가 있습니다. 아나운서의 말투가 우아하게 들리는 이유 중 하나지요. 예를 들어 보겠습니다. '눈물[눈물]'은 단음(짧은 소리)이고요. '눈보라[눈ː보라]'는 장음(긴 소리)입니다. 똑같이 '눈'이라는 글자를 사용하지만 뜻이 다르기 때문입니다. '눈(eye)'은 짧게, '눈(snow)'은 길게 읽으며 구분합니다.

장음과 단음을 구분하고 익히는 가장 쉬운 방법을 알려 드리겠습니다.

1. 장음인지 아닌지 궁금한 단어를 국어사전에 검색합니다.
2. 검색 결과에서 발음 기호를 찾습니다. '눈사람'을 검색하면 '[눈:싸람]'이라고 나옵니다.
3. 장음표(:)가 찍힌 부분, 예를 들어 [눈:]은 모음을 길게 늘여 [누운]이라고 읽습니다. 지나치게 소리를 늘이면 어색하고, 짧으면 티가 나지 않으므로 유의합니다.
5. 장음에 대해 더욱 빨리 감을 잡고 싶다면 온라인 국어사전에서 음성을 찾아 들어 보세요.

장음을 가장 효율적이고 효과적으로 사용하는 방법

외워 두면 좋은 장음 단어들

장음을 모두 외우기란 쉽지 않습니다. 자주 쓰는 장음들만 외워 둬도 평소에 쓰임이 많아서 효과적입니다. 다음 문장에 나오는 장음들은 꼭 외워 보시기를 바랍니다.

현재[현:재] 한국[한:국]에서는 가능[가:능]하지요.

최고[최:고]의 교육[교:육]입니다.

나는 돈[돈:]이 많다[만:타].

'대(大)'가 포함된 단어들: 대한민국[대:한민국], 대통령[대:통녕], 대학

[대ː학], 대부분[대ː부분] 등등.

필수로 외워야 할 여덟 가지 숫자 장음

단어뿐만 아니라 숫자에도 장음이 있습니다. 장음이 들어가는 숫자는 8개밖에 되지 않고 사용 빈도도 매우 높으므로 꼭 외우는 것이 좋습니다. 평상시 숫자를 말할 때 장음을 사용해 보세요. 장음이 들어가는 아라비아 숫자는 '2', '4', '5'가 있습니다. 외에도 한글 및 한자로 쓰는 숫자 '둘', '셋', '넷', '쉰', '만'에도 장음이 있습니다.

2ː 4ː 5ː 둘(두)ː 셋(세)ː 넷(네)ː 쉰ː 만(萬)ː

☎ 010-1234-5678 [공일공 일이ː삼사ː 오ː육칠팔]

(자신의 연락처를 숫자 장음으로 말해 보세요.)

두ː 번째 세ː 번째 네ː 번째

셋ː째 손님과 넷ː째 손님

손님이 쉰ː 명입니다. 현ː재 객실이 만ː석 입니다.

직접 장음 찾아보기

다음 문장의 빈칸에 장음을 써 보세요. 대괄호[ ]는 소리 나는 대로 발음을 적는 공간입니다.

어제와 똑같이 살면서 다른 미래[   ]를 기대[   ]하는 것은 정신

병 초기 증세다.

 장음과 단음이 섞여 있으니 꼭 국어사전에 검색해서 적어 보세요. 그다음에는 소리 내서 전체 문장을 읽어 보세요. 새로 알게 된 장음은 따로 노트에 적어 두고 외우세요.

 의욕이 앞서 장음을 몽땅 다 외우겠다고 하는 분들이 있습니다. 하지만 현실적으로 쉽지 않은 일이지요. 전달력이 중요시되는 아나운서도 모든 장음을 다 외우기란 쉽지 않아요. 실제로 한 선배 아나운서가 후배들이 장음 찾는 데 쓰는 시간을 아껴 주려고 '장음 책'까지 냈을 정도입니다. 장음이 얼마나 많은지 알겠지요?
 그러니 자주 쓰는 장음만 외워도 아주 좋습니다. 일상생활에서 계속 쓰며 입에 익히는 것이지요. 예컨대 '많다[만:타]'라는 장음을 하나 외웠다고 해 봅시다. 그러면 대화에서든 발표에서든 그 쓰임이 정말 많습니다. "떡볶이 [마:니] 주세요", "여러분의 [마:는] 성원에 감사드립니다" 등 장음 하나만 알아 둬도 조사를 붙여 여러 형태로 사용할 수 있습니다. 그러니 새로운 장음을 찾을 때는 한 문장에 한 개씩 장음이 궁금한 단어를 찾아서 외우세요. 가장 효율적이고 오래 지속되는 방법입니다.

142   말투 때문이야! ◀

1분 안에
나를 각인시키는 스피치

· 말의 분량 ·

간결하게 핵심을 전할 줄 아는 스피치가 대세입니다. 1분 스피치나 3분 스피치 또는 5분 스피치 등으로 의견을 밝혀야 하는 자리가 많아졌습니다. 면접, 피칭, 자기소개 등에서요. 이때 어느 정도의 분량으로 준비해야 할지 궁금해하는 분이 많을 것이라고 생각합니다.

A4 용지를 기준으로 말씀드리겠습니다. 한글 프로그램에서 글자 크기를 10포인트로, 자간을 0퍼센트로 설정했다고 가정할 때 총 일곱 줄 정도가 적당합니다. A4 용지를 삼등분한 분량이지요. A4 용지 한 장의 1/3 분량이 1분이라고 생각하면 쉽습니다.

다만 사람마다 읽는 속도에 차이가 있습니다. 그래서 정확히 몇 줄 또는 몇 글자를 읽어야 1분을 채울 수 있다고 말하기는 어렵습니다. 가장 좋은 방법은 일곱 줄을 먼저 쓰는 것입니다. 이후에 직접 시간을 재 보세요. 더 좋은 방법은 녹음을 하는 것입니다. 녹음을 하면 시간을 체크할 수 있음은 물론이고 내가 어떻게 말했는지를 모니터링할 수 있어서 좋습니다.

만약 읽어 봤더니 1분 30초가 걸려 시간을 넘겼다면 중요하지 않은 말들을 솎아 내야 합니다. 40초 남짓 걸려 분량이 부족하다면 말에 살을 더 붙여야 합니다. 이렇게 수정을 한 후에 다시 녹음하며 1분이 되도록 맞추는 것입니다.

이 과정에서 앞서 배운 속도 조절 방법들을 적용하면서 읽으면 훨씬 스피치 전문가 같은 느낌이 날 것입니다. 3분 스피치, 5분 스피치도 같은 방법으로 준비하면 됩니다. 1분 스피치 분량의 세 배 혹은 다섯 배를 준비해서 분량을 맞추는 것이지요.

일주일간 기상 캐스터로 살아 보기

다음은 1분 분량의 기상 캐스터 원고입니다. 앞서 배운 끊어 읽기와 장음을 살려서 읽어 보시기를 바랍니다.

// 오늘은 / 어제보다 / 조금 더 덥겠습니다.

// 경:산, 창녕, 하동에는 / 폭염 주의보가 발효 중인 가운데 / 내륙 지역은 / 낮 기온이 / 30도 안팎까지 오르겠습니다.

// 낮 동안 쌓인 열기를 식혀 줄 / 소나기 소식도 있는데요.

// 오:후부터 밤 사이 / 강원 영서와 남부 내륙에 / 천둥 번개를 동반해 / 요란하게 내리겠습니다.

// 강원 영서와 남부 내륙에는 / 10에서 4:0밀리미터, / 경:남 서부 남해안에는 / 5:에서 2:0밀리미터의 비가 예:상됩니다.

// 내일부터는 / 다시 장마에 대비하셔야겠습니다.

// 제주 남쪽 해:상에 위치한 장마 전선이 / 오르락내리락하면서 / 비를 뿌리겠는데요.

// 내일 오:후에 / 제주를 시:작으로 / 전남과 경:남에 비가 확대되겠고 / 모레는 / 전국에 / 비가 내리겠습니다.

// 오늘 아침 / 안개가 짙게 끼어 있습니다.

// 해:안 지역은 / 가시거리가 / 100미터 안팎으로 / 매우 좁습니다.

스마트폰에 녹음을 하거나 타이머를 이용해 몇 분이 걸렸는지 꼭 확인해 보세요. 1분 5초에서 55초 사이라면 속도가 양호한 편입니다. 하지만 1분 20초를 넘겼거나 40초 대에 그친다면 전반적인 속도 조절이 필요합니다. 여유 있는 속도의 감을 잡고 싶다면 뉴스 앵커 또는 기상 캐스터의 영상을 보세요.

발표 긴장감을 자신감으로
바꾸는 마음가짐

연습을 할 때는 자신이 발표할 장소와 비슷한 환경을 조성해야 합니다. 예컨대 중요하고 공적인 자리에서 1분간 자기소개를 해야 한다면 그날 입을 의상을 입고 말해 보는 것입니다. 일어서서 말해야 하는 자리라면 연습할 때도 일어서야 합니다. 일어서서 말하면 편한 옷을 입고 앉아서 말할 때보다 긴장감이 있어서 속도에 차이가 날 수 있기 때문입니다. 원고를 토씨 하나 빠짐없이 달달달 외우기보다는 자신이 평상시에 쓰는 단어나 표현으로 자연스럽게 연습해 보세요. 그래야 실제 발표 자리에서 스피치도 잘 되고 분량도 정확하게 잡을 수 있습니다.

저는 한 공식 석상에서 1분 스피치로 여러 대표 앞에서 자기소개를 한 적이 있습니다. 가장 기억에 남는 스피치라며 박수를 받았는데요. 그 자기소개는 즉석에서 준비한 것이 아니라 위와 같은 준비 과정을 꼼꼼히 거친 연습의 결과물이었습니다.

다음은 발표의 긴장감을 설렘으로 바꾸는 방법입니다. 무엇보다 기억해야 할 것은 긴장은 자연스러운 반응이라는 것입니다. 긴장은 '발표를 잘하고 싶다'는 마음의 신호입니다. 따라서 긴장이 될 때 '망했다'고 생각하기보다 '잘하고 싶어서 긴장하는구나' 하고 받아들이는 것이 중요합니다. 이를 참고해 다음과 같은 마음가짐으로 발표에 임해 보세요.

1. 나는 열심히 발표를 준비하고 연습했다.
2. 나는 발표 내용을 잘 알고 있고 내가 준비한 발표에 많은 애정을 갖고 있다.
3. 내가 떠는 것은 이 발표를 중요하게 생각하기 때문이다. 자연스러운 현상이다.
4. 그렇다면 내가 할 수 있는 것은 지금 이 발표에 집중하는 것이다.
5. 복식 호흡을 길게 다섯 번 반복하며 침착하게 대처하자.

템포를 맞출 때
상대의 마음이 열린다

· 양방향 소통 ·

망해 가는 전통 시장도 살린다는 라이브 커머스에 대해 들어 보셨나요? 라이브 커머스란 '라이브 스트리밍(Live streaming)'과 '커머스(Commerce)'의 합성어로, 채팅을 통해 고객과 실시간으로 소통하며 상품을 소개하는 스트리밍 방송을 뜻합니다. 라이브 커머스를 통해 5개월만에 매출이 여섯 배로 뛴 화장품 브랜드의 사례를 보면 그 위력을 잘 알 수 있습니다. 최근 라이브 커머스에는 브랜드의 사장이 직접 출연해서 상품을 함께 판매하는 경우가 많아지고 있습니다. 그러다 보니 그분들께 자주 듣는 말이 있습니다.

"쇼 호스트도 아닌데 카메라 앞에서 말하려니 긴장되네요."

당연합니다. 처음부터 진행을 잘하는 사람이 몇이나 될까요? 문제는 지나치게 긴장해서 말하는 속도가 빨라진다는 것에 있습니다. 상품을 판매하겠다는 분명한 목적이 있는 방송일수록 말의 속도를 체크해야 합니다. 말이 빨라지면 소비자 입장에서는 어떨까요?

1. 불안합니다.
2. 알아듣지 못합니다.
3. 지갑을 열만큼 신뢰감을 느낄 수 없습니다.

어떤 사장님은 생방송이 너무 긴장된다는 이유로 쇼 호스트에게 방송을 통째로 맡깁니다. 물론 쇼 호스트는 전문가니까 방송을 잘 진행하겠지요. 하지만 소비자는 제품을 생산하는 사장을 볼 때 더 신뢰감을 느끼는 경우가 많습니다. 쇼 호스트가 아무리 준비를 많이 한다고 해도 사장만큼 제품의 특징을 잘 알기도 어렵고요. 그래서 가장 이상적인 그림은 사장과 쇼 호스트, 인플루언서가 함께 힘을 합쳐 방송하는 것입니다.

쇼 호스트나 인플루언서를 섭외하는 것이 여의치 않다면 사장 혼자서 방송으로 소통하는 것도 좋아요. 소비자가 TV로 홈쇼핑을 보지 않고 스마트폰으로 라이브 커머스를 보는 이유는 소통에 있기 때문입니다. 다르게 말하면 소통이 잘되지 않는 일방통행의 방송이라면 제품이 아무리 좋아도 소비자는 채널을 돌립니다. 제아무리 인플루언서, 쇼 호스트라도 소통이 안 되면 말짱 꽝이지요.

일방적인 소통에
브레이크를 거는 법

이때 알맞은 속도로 말하고 소통도 더할 수 있는 팁을 하나 알려 드릴게요. 바로 실시간으로 소비자와 대화하는 것입니다. 대화를 하다 보면 평상시의 말하기 속도로 돌아오게 됩니다. 혼자서 계속 자신의 이야기만 쏟아 내지 않게 되니까요. 대화가 말에 적절한 브레이크를 걸어 주지요. 스타 강사들도 혼자서 말하기보다 대중의 반응을 이끌어 내는 양방향의 소통을 잘합니다.

방법은 쉬워요. 소비자가 채팅으로 말을 걸면 정성껏 반응하는 것입니다. 쇼 호스트들은 첫인사를 할 때 적극적으로 상대방의 닉네임을 부릅니다.

"숭구리당당 님, 어서 오세요!"

절대 혼자서 "안녕하세요? ○○○입니다. 오늘 판매할 제품은

○○○입니다"라며 일방적으로 이야기하지 않습니다. '안녕하세요?'라고 먼저 인사했다면 그다음으로는 채팅으로 말하는 사람의 인사를 받아 주는 것이지요. 누구나 자기를 알아주는 사람을 좋아하기 마련입니다.

라이브 커머스의 위력은 앞으로도 이어질 기세입니다. 매출이 여섯 배로 뛴 화장품 브랜드의 사례는 더 이상 남이야기가 아닙니다. 라이브 커머스를 통해 중국과 미국을 비롯한 해외 시장에서도 소비자의 마음을 사로잡을 수 있지요. 여유롭게 속도를 조절하는 스킬을 배워서 라이브 커머스를 성공적으로 이끌어 보시기를 바랍니다.

또한 속도를 조절하는 스킬은 비단 라이브 커머스에서만 효과적인 방법이 아니라는 점도 짚고 넘어가고 싶습니다. 오프라인에서 실시간으로 소비자와 소통을 하는 영업자나 판매자에게도 말하는 속도는 중요합니다. 누구든 템포를 맞춰 주는 사람에게 마음을 여는 법이니까요.

어떻게
자연스럽고
세련되게
말할까?

| 억양 훈련 |

"딱딱하고 차가운 억양"에서
"자연스럽고 상냥한 억양"으로

"단점을 부각하는 억양"에서
"전문성을 부각하는 억양"으로

"말끝을 흐리는 말투"에서
"확신을 주는 말투"로

"오해받는 말투"에서
"진심이 통하는 말투"로

선량한 의도가
오해를 사는 이유

· 자기 객관화 ·

연예인 박진주 씨의 타성에 젖은 간호사 연기를 본 적 있나요? 간호사의 일상 멘트를 차가운 얼굴과 따뜻한 목소리로 연기하는 것이 포인트입니다.

"홍길동 님, 진료실로 들어가실게요. 통증 주사라서 좀 따끔해요. 따끔~"

이 영상은 조회 수 340만 회를 훌쩍 넘길 정도로 많은 사람의 공감을 받았는데요. 현실이 잘 반영됐기 때문인지 간호사 커뮤니티에도 이 영상이 왕왕 올라온다고 합니다. 친절한 말투에 영혼 없는 목소리. 이처럼 우리는 진심이 담겨 있는지 아닌지를 상대방의 목소리와 눈빛, 자세를 통해 판단할 수 있습니다. 수화기 너머로 들리는 상담사의 "사랑합니다. 고객님"이라는 멘트에서 사랑을 느낄 수 없는 이유지요. 기계적으로 목소리로만 일하고 있다는 사실을 우리는 압니다.

이를 개선하고자 여러 기업에서 제게 '친절한 상담사 스피치' 교육을 요청합니다. 기업 콜센터의 상담사부터 심리 상담사, 민원에 응대하는 공무원까지 친절함은 중요한 능력이니까요.

그래서 저는 우선 아나운서의 친절한 말투 스킬을 교육합니다. 그중에서도 특히 억양 스킬을 알려 드립니다. 같은 말을 해도 억양이 달라지면 훨씬 친절하게 들리기 때문입니다.

사람들은 의도를 알기 전에 억양으로 판단한다

가장 날 것의 불만을 하루 종일 듣는 대표적인 직업으로 상담사를 꼽을 수 있습니다. '불만'의 사전적인 정의를 찾아볼까요?

'마음에 차지 않아 못마땅함.'

고객이 상담사에게 무언가를 요구했는데 그에 대한 응대가 마음에 차지 않아 못마땅한 것이지요. 흥미로운 사실은 이때 상담사와 고객 간에 입장 차가 있다는 것입니다. 상담사는 자기 나름대로 친절하게 응대하고 요구 사항을 들어주기 위해 노력했다고 하지만 고객은 속상해하거나 분노하지요.

특히 문자 상담보다 전화 상담의 경우에 상담사가 친절하지 않다는 민원이 자주 들어오는데요. 이런 오해가 자꾸 생기는 이유는 대체로 억양 때문입니다. 예컨대 고객에게 사과를 할 때도 억양에 따라 '죄송합니다'라는 말이 완전히 다르게 전달됩니다. 목소리의 크기가 줄어들며 미안함이 묻어 나오는 억양과 마지못해 사과하는 듯이 툭툭 끊어 말하는 식의 억양은 의미가 전혀 다르게 다가오지요.

우선 자신의 억양에 대한 객관적인 파악이 중요합니다. 고객을 응대했을 때의 녹음 파일이나 녹화 파일을 확인하는 것입니다. 기계는 감정적이지 않아서 상황을 있는 그대로 관찰하는 데 도움이 되지요. 이는 마치 발표를 연습할 때와 비슷합니다. 보통 사람들은 거울 앞에서 발표 연습을 하는데요. 아나운서들은 거울보다 카메라를 많이 활용합니다. 거울로 자신을 볼 때는 보고 싶은 부분을 선택적으로 볼 수 있지만 카메라 영상에 담긴 모습을 볼 때는 자신을 객관화하게 되기 때문입니다.

기록물을 확인해 상황을 파악했다면 그다음으로는 고객이 가진 불만의 종류를 나눠 봐야 합니다. 악성 민원인지 아닌지 구분할 필요가 있어요. 이때 악성 민원은 앞으로의 상담의 질을 높이기 위해서라도 단호하게 대처해야 합니다. 과도한 요구, 성희롱을 비롯한 피해에도 대처할 수 없다면 상담사는 진심을 담아 상담하기 어려워지겠지요? 장기적으로 봤을 때 고객 서비스에 마이너스의 영향을 줍니다.

스스로에게 친절해야 친절한 억양이 나온다

그리고 여기에 중요한 한 가지를 덧붙입니다. 바로 '자기 돌봄'입니다. 말투 스킬은 분명 중요합니다. 하지만 '자기 돌봄'을 하지 않으면 어떤 말투도 영혼 없이 들리기 쉽습니다.

'자기 돌봄'이 무엇이냐고요? 스스로의 마음을 토닥이는 일입니다. 휴식 시간에 명상을 하는 등 여러 방법이 있습니다. 상담사 같은 감정 노동자에게 자기 돌봄은 필수입니다. 〈한겨레〉의 '콜센터 상담사 흡연율이 유독 높은 까닭을 아십니까?'라는 기사를 보면 감정 노동자가 처한 현 상황을 잘 알 수 있어요.

고객의 갑질, 폭언을 견디다 못해 숨지는 사건이 일어나는 것이 현실입니다. 때문에 기업에는 상담사 교육뿐만 아니라 상담사의 업무 환경 개선이 필요합니다. 이에 대한 좋은 예시가 있습니다. LG유플러스는 고객 센터의 상담 전화 연결음에 실제 상담사의 가족 목소리를 넣은 '마음 연결음'을 시행했습니다. 통화가 연결되기 전에 "연결해 드릴 상담사는 소중한 제 딸입니다. 고객님, 잘 부탁드립니다"라는 음성이 나오는 자동 응답 시스템입니다. 실제로 상담사의 스트레스 지수가 54.2퍼센트 감소한 효과가 있었지요.

실제 자신이 느끼는 감정과는 무관하게 직무를 행해야 하는 감정 노동은 저도 아나운서로서 생방송을 진행하던 시절에 겪은 적이 있습니다. 생방송 진행을 앞두고 그날따라 기분이 안 좋았습니다. 그렇다고 얼굴을 찌푸리면서 방송할 수는 없었지요. 그래서 저는 방송 전에 목소리 요가를 했습니다. 목소리 요가는 제가 저를 위해 만든 것이었습니다. 목의 컨디션을 높이는 동시에 제 마음을 돌볼 수 있도록 동작을 구성했지요. 이 동작으로 마음도 풀렸고 웃으며 방송할 수 있었습니다.

감정 노동을 하는 직업을 가졌거나 감정 노동이 필요해지는 순간이 올 때면 목소리 요가를 해 보세요. 마음이 편안해지는 것은 물론이고 업무의 경쟁력도 높일 수 있습니다.

따뜻한 카리스마로
긍정적인 평가를 받고 싶다면

· 물결 억양법 ·

대표적인 악성 민원의 사례가 있습니다. 음식점에서 손님이 설렁탕에 고의적으로 휴지를 넣어 놓고 되레 큰소리를 치는 경우이지요. 은행에서는 고객으로부터 자동 인출기의 소독 상태가 나빠서 모기에 물렸으니 사은품을 보내라는 황당한 요구를 받기도 합니다. 은행 근처의 맨홀 뚜껑 때문에 다쳤으니 치료비를 내라거나 은행에 있는 화분이 시들어 안 좋은 기운을 받았으니 정신적인 피해를 보상하라는 등의 악성 민원도 있습니다.

자신의 요구를 들어주면 친절하고 안 들어주면 불친절하다고 하는 악성 민원에는 단호하게 대처해야 하고 이를 위해서는 예방 교육이 필요합니다. 대구 서구청의 민원실에서는 악성 민원에 대비하기 위해 모의 훈련을 진행합니다. 민원을 받는 실무자와 함께 머리를 맞대고 방법을 의논하는 것도 좋겠지요.

전화 상담의 경우에는 보통 상담사가 친절하지 않다는 민원이 자주 들어옵니다. 이는 대체로 억양 때문입니다. 이해하기 쉽도록 예시를 들어 볼게요. 제가 아나운서 지망생이었던 시절, 대구의 한 방송사에 시험을 보러 갔습니다. 그 자리에는 서울에서 시험을 보러 온 아나운서 지망생도 많았어요. 이윽고 방송사의 관계자가 공지 사항을 발표했는데 지망생들이 수군거리기 시작했습니다. 이유를 물어보니 '공지 사항을 말하는데 왜 화를 내냐'는 불만 때문이었어요. 경상도 출신인 저는 웃었습니다. 그분은 화를 내는 게 아니었어요. 경상도 억양에서 느껴지는 무뚝뚝함이 오해를 부른 것이었지요.

억양 때문에 오해를 받는 경우는 많습니다. 한 교수님이 제게 속상한 일을 털어놨습니다. 학생들에게 "차갑다", "냉소적이다"라는 강의 평가를 받았다고요. 본인은 그렇게 대한 적이 없는데 오해를 받으니 속상하다는 것이었습니다. 본인의 진심이 다르게 전달됐으니까요.

뚝뚝 끊기는 억양으로 말을 하면 평상시에 많은 오해를 살 수 있습니다. 같은 말을 해도 부드럽게 이어지는 억양으로 말했을 때와 전혀 다른 결과를 낳지요.

차가운 억양의 원인은 말 사이사이의 '단절'에 있습니다. 말할 때 문장이 뚝뚝 끊어지는 것이지요. 부드럽게 이어지는 억양을 체득해 보세요. 이해하기 쉽도록 다음에서 간단하게 예시를 들어 볼게요.

상냥한 인상을 주는 물결 억양법

차가운 억양: 과제 제출 기한은 ＼ 이번 주 금요일까지입니다 ＼

따뜻한 억양: 과제 제출 기한은~ 이번 주 금요일까지입니다~

같은 말도 다르게 들리지요? 평소 말투가 딱딱하다는 평가를 들어서 고민이신 분, 사람들에게 상냥하게 응대하고 싶으신 분들에게는 따뜻함을 전할 수 있는 '물결 억양법'을 추천합니다.

하나만 부탁드릴게요~

아주 효율적이죠~?

예, 전화 받았습니다. 누구신가요~?

마치 물결이 치는 것처럼 '요' 다음에 '오'를 작게 말해 보세요. '오'는 '요'보다 소리의 크기도 작고 음도 조금 높습니다. 다음의 그림을 보면 쉽게 감을 잡을 수 있어요.

작고 높게

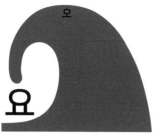

크고 낮게

'~요'로 끝나는 서술어에 쓰면 부드러운 느낌을 줄 수 있습니다. 단 따뜻한 억양만 사용하면 사람이 자칫 강단 없어 보일 수 있습니다. 물러 보일 수 있지요. 그래서 억양과 함께 발성법을 같이 배우시기를 권합니다. 따뜻한 억양과 탄탄한 발성이 합쳐질 때 따뜻한 카리스마가 완성되기 때문입니다.

교사, 강사, 교수 등 누군가를 가르치는 직업을 가진 분이라면 스마트폰으로 자신의 강의를 녹화해 보세요. 1시간 정도 녹화한 후, 학생이 됐다고 역지사지로 가정하고 자신의 수업을 수강해 보세요. 또는 가족이나 가까운 친구들에게 보여 주며 진솔한 피드백을 구하는 것도 좋습니다. 무엇보다 학생들의 강의 평가가 가장 도움이 되겠지요?

제 첫 강의 평가가 생각납니다. 좋은 평가가 많았지만 안 좋은 평가에 더 마음이 쓰이더라고요. 한동안 이로 인해 힘들기도 했어요. 그런데 나중에는 오히려 다행이라는 생각이 들더군요. 안 좋은 평가를 통해 제 단점을 빨리 알게 된 것이니까요. 이를 알지 못했다면 다른 곳에서 똑같은 실수를 반복했겠지요? 단점이 없는 사람은 없습니다. 그리고 단점은 하나씩 보완해 나가면 그만입니다. 이 세상에 완벽한 강의는 없다지만 이렇게 성장하는 강의야말로 완벽한 강의가 아닐까요?

회의에서 유독
잘 먹히는 말투가 있다

· 계단식 억양법 ·

'회의(回議)를 위한 회의(會議)는 회의(懷疑)에 빠진다.'

이런 우스갯소리 들어 보셨나요? 회의를 하자고 모였는데 알고 보니 어떤 주제를 놓고 여럿이 모여 의논하기 위함이 아니라 윗선의 지시를 받들기 위한 경우가 많지요. 그래서 들러리처럼 회의실에 앉아 상사의 말을 받아쓰기하는 직장인이 많습니다. 저 또한 안타깝게도 사회 초년생 시절에는 그랬습니다. 그래야 살아남는다고 착각했습니다. 다 같이 망하는 지름길인 줄 몰랐던 것이지요. 결국 제가 직장인으로서 몸담았던 스타트업 회사는 문을 닫았습니다. 회의 시간에 신선한 아이디어와 각자의 경험, 자료를 나눌 수 있어야 회사뿐만 아니라 자신에게도 나아갈 길이 보입니다. 때문에 그저 꿀 먹은 벙어리처럼 회의에 참석하는 데 그치면 곤란합니다.

그렇다면 회의 때는 어떻게 말해야 좋을까요? 크게 두 가지의 고민을 갖고 저를 찾아오는 직장인이 많습니다. 하나는 자기주장이 너무 강해서 고민인 경우, 또 하나는 의견을 내면 사람들이 귓등으로 듣는 것이 고민인 경우입니다. 두 경우는 다른 모습이지만 자신의 말이 회의에서 잘 먹히지 않는다는 공통점이 있습니다.

전문성을 어필하는
계단식 억양법

"제 의견을 냈을 뿐인데 사람들이 저를 재수 없어 합니다."

자기주장이 강한 경우입니다. 비슷한 고민을 가진 분이 많지요. 부끄럽지만 제가 20대 초반이었을 때의 일을 고백합니다. 회의 때 다른 사람과 의견 차이가 있었습니다. 제 의견이 받아들여지지 않자 "왜 제 의견을 묵살하세요?"라고 물었어요. 지금 생각해 보면 문장마다 딱딱 단절감이 느껴지는 억양이었습니다. 단어선택도 아쉬웠어요. 상대방은 저와 더 이야기하고 싶어 하지 않았습니다. 쥐구멍이 있다면 들어가고 싶습니다. 당시 저는 회의를 하기보다 자기주장만 한 것입니다. 회의의 목적이 서로의 의견을 주고받으며 좋은 방안을 찾기 위함이라는 사실을 망각했습니다.

'자신감과 자만심은 종이 한 장 차이'라는 말이 떠오릅니다. 자신감 있게 말하되 다른 사람의 의견을 받아들이는 자세가 필요합니다. 예전에 아나운서 면접장에서 저와 함께 면접을 봤던 지망생 A 씨가 있습니다. 면접관은 A 씨의 말을 듣고는 "굉장히 자만에 빠졌군요"라고 말했어요. 지금 생각해 보면 A 씨는 지망생 사이에서 능력자로 통하기는 했지만 무조건 자신의 기준이 맞다고 밀어붙이는 사람으로도 유명했습니다. 회의에서 자기주장이 강한 사람이라면 '자신의 의견이 가장 좋다'는 착각에 빠져 있을 수도 있습니다. 자신의 의견이 가장 좋다면 팀원의 입장에 서서 설득할 수도 있어야 합니다.

이어서 회의할 때 사람들에게 주목받지 못하는 경우입니다. 말투의 전달력을 보완해야 하는 경우지요. 이런 경우에는 다음과 같은 고민이 있을 수 있습니다.

"회의 때 제가 의견을 내면 사람들이 집중을 안 해요."

많은 직장인 중 특히 여성들이 비슷한 고민을 자주 갖고 옵니다. 그분들의 말을 직접 들어 보면 대체로 억양에 문제가 있다는 사실을 알 수 있어요. 마치 어린이 같은 말투를 쓰는데요. 미성숙한 말투로는 듣는 사람에게 신뢰를 주기 어렵습니다. 다음의 예문을 봅시다.

팀장: 그래, 뭐 좀 나왔어요?
사원: 예. 지난 콘셉트 회의에서 나온 슬로건을 바탕으로 디자인 시안이 나왔습니다.

이 같은 회의 상황에서 시소처럼 오르락내리락하는 억양을 쓰는 경우인데요. 마치 유치원 선생님이 아이들에게 "공↓수↑, 안↓녕↑하↓세↑요?"라고 말하는 듯한 느낌을 주지요. 반면 뉴스의 앵커를 생각해 보면 각 단어의 앞 글자마다 힘을 주고 평평한 억양으로 말합니다. 전문가의 느낌이 확 살지요. 다음 화살표와 곡선으로 표시한 억양의 차이를 살펴보세요.

미성숙한 느낌을 주는 억양: 디자↓인↑ 시안↓이↑ 나왔↑습니↓다↑
신뢰감을 주는 억양: 디자인 시안이 나왔습니다

친구와 수다를 떨 때나 연인에게 애교를 부릴 때 등 사적인 자리에서는 어떤 억양을 쓰든 자유입니다. 하지만 일터에서는 신뢰감을 주는 억양으로 말을 해야 경쟁력을 높일 수 있습니다. 말하는 사람의 아이디어 자체가 달라 보이는 효과가 있기 때문입니다.

신뢰감을 주고 전문성을 어필하는 노하우가 있습니다. '~다'로 끝나는 서술어에 '계단식 억양법'을 적용해 보세요. 오르락내리락하던 말투가 정돈되면서 전문가 같은 느낌을 줄 수 있습니다. 마치 계단을 한 칸 한 칸 내려가는 것처럼 음이 내려갑니다.

신뢰가 따르는 사람은
끝맺음이 분명하다

· 말끝 살리기 ·

어느 날 한 대기업의 교육 담당자에게 신입 사원을 대상으로 스피치 교육을 해 달라는 요청을 받았습니다. '말끝을 흐리면서 보고하는 습관'을 고쳐 달라고 했어요. 얼마 전까지만 해도 대학생이었다가 이제 막 직장인이 돼서 그런지 학교에서 친구들과 말하던 습관대로 직장 생활을 한다고요. 한마디로 전문가답게 말하는 법을 알려 달라는 것이었습니다.

흔히 말하는 MZ 세대의 대표적인 말투로 '주기자'를 예로 들 수 있겠습니다. 주기자는 예능 프로그램 〈SNL 코리아〉에 등장하는 인턴 기자 캐릭터인데요. 이 캐릭터의 말투가 많은 이의 공감을 샀습니다. 말을 분명히 끝내지 않고 얼버무리는 요즘 20대의 말투를 흉내 낸 것입니다. 사회 초년생이지만 프로처럼 잘하고 싶어 여유로운 척을 하는데 그게 잘 안 되지요. 그래서 긴장한 표정, 떨리는 목소리, 잦은 실수, 질문에 당황하는 모습들이 드러나요. 더불어 주기자에게는 "질문? 지적? 아무튼 감사합니다"라는 유행어도 있는데요. 어린 세대의 당돌한 특징도 담겨 있더라고요.

영상을 보고 나서 제가 사회 초년생이었을 때의 흑역사가 떠올랐습니다. 한 드라마에 신입 사원이 대리, 과장, 차장을 건너뛰고 바로 부장을 찾아가는 장면이 나온 적 있는데요. 저도 신입이었을 때 비슷한 실수를 했습니다. 저는 심지어 바로 대표를 찾아가 문제를 해결하려고 했습니다. 이후 절차를 지키지 않았다고 상사에게 혼났지요.

개구리에게는 올챙이 시절이 반드시 있습니다. 그러니 지금의 미숙한 모습을 받아들이고 전문가 같은 말투를 하나씩 배우시기를 권합니다. 빨리 성장하려고 조급해하기보다 성장의 재미를 느껴 보기를 바랍니다. 시행착오가 있어도 괜찮습니다. 선배들도 다 그렇게 성장했습니다.

그렇다면 전문가처럼 보고를 잘하려면 어떻게 해야 할까요? 전문가다운 전달력으로 신뢰감을 갖추고 상사가 듣고 싶어 할 내용으로 말을 구성하면 됩니다.

말끝에
자신감을 실어라

먼저 전달력부터 볼게요. 지금부터 여러분이 상사가 됐다고 가정하고 다음의 보고를 받아 보세요.

상사: 홍보 영상 제작 건, 예정대로 되나요?

담당자: 아, 예….

상사: 문제 있습니까?

담당자: 아, 아닙니다….

상사: 문제 있으면 꼭 말하세요. 그리고 영상 편집안은 이게 최선입니까?

담당자: 아, 업체에서 추천했습니다….

상사: 전체적으로 너무 어둡지 않나요?

담당자: 아… 밝게 해 달라고 하겠습니다….

　주눅이 잔뜩 들어 말끝을 흐리는 담당자의 보고에 신뢰가 가나요? 아니지요. 만약 보고하는 내용이 축하받을 소식이라고 해도 전하는 사람이 말끝을 흐리면 미심쩍어집니다. '정말 축하받을 일이 맞는 걸까?' 하는 의심이 들어요.

　이 때문에 말끝은 뉴스를 진행하는 앵커처럼 신뢰감을 줄 수 있도록 깔끔하게 처리하기를 권합니다. "업체에서 그게 제일 좋다고 추천했습니다…"라며 말끝을 흐리면 잘 들리지도 않고 자신감

도 없어 보여요. 이런 상황에서는 '추천했습니다'라는 서술어를
앞서 소개한 '계단식 억양법'으로 처리하면 좋습니다. 계단을 한
칸 한 칸 내려오듯이 말하다가 마지막 글자 '다'에서 자신 있게 쳐
올리는 방법입니다.

보고할 때도
듣는 사람을 배려하라

다음은 상사의 입장에서 듣고 싶어 할 내용으로 말을 구성하는
것입니다. 보고할 때는 과정보다 결과를 먼저 말해 주는 것이 배
려입니다. 예전에 직장에서 부하 직원에게 보고를 받은 적이 있
습니다. 일의 시작부터 끝까지 전 과정을 늘어놓은 후 맨 끝에 결
과를 언급했습니다. 결과를 듣는 데까지 무려 40분이 걸렸어요.
시간이 아까웠습니다. 이 사람과 앞으로 어떻게 일을 해 나가야
할지 걱정됐습니다.

결과 위주의 보고는 생각보다 쉽습니다. 함께 봅시다.

"팀장님~ 다음 달 기획 인터뷰 건 잘 진행되고 있습니다. 오늘은 출연료 관련해서 상의드립니다. 출연자가 인터뷰 주제와 딱 맞는 인물인데요. 출연료가 200만 원이라서 기존 예산보다 100만 원 부족합니다. 그래서 해결책으로 부족한 출연료 대신 제공할 다른 혜택을 찾는 방법과 출연료를 제외한 지출 항목에서 비용 절감이 가능한 항목을 찾는 방법을 가져왔습니다. 검토 부탁드립니다."

먼저 잘 진행되고 있다는 점을 말하면서 상사의 마음을 열어 줍니다. 이어서 바로 상의를 하려고 이 보고를 한다는 목적에 대해 말합니다. 이것이 바로 배려입니다. 그다음에는 상황을 장황하게 말하지 않고 핵심만 요약해서 전하고요. 문제 해결을 위해 구체적으로 두 가지 방법을 찾았고 검토를 부탁드린다고 마무리했습니다.

사회 초년생의 경우, 일에 문제가 생기면 보고를 하지 않기도 합니다. 혼날 것이 두렵기도 하고, 본인이 혼자서도 해결할 수 있을 것만 같아서 보고를 미루는 것입니다. 그런데 초보자가 모든 일을 해결할 수 있다면 왜 초보자 직급에 있을까요? 괜히 문제를 마주해야 하는 상황을 미뤘다가 더 큰일을 만드는 경우가 부지기수입니다. 문제가 생길수록 보고를 하세요. 상사의 도움을 받으며 일을 처리하는 것이 현명합니다.

이와 같이 전달력 있는 말투로 신뢰를 주고 말의 내용으로 배려

를 하면 좋습니다. 이렇게 먼저 상사를 배려하면 여러분 또한 상
사에게 배려받을 확률이 높아집니다. 보고하는 연습을 해 보세
요. 첫술에 배부를 수는 없어요. 연습을 하고 또 하다 보면 상황
에 맞게 보고를 잘 해낼 수 있습니다.

지역의 억양을
이점으로 활용하라

· 사투리 억양 ·

외국인 중에도 한국에서 나고 자란 사람처럼 고급 어휘를 유창하게 구사하는 사람이 있습니다. 예를 들면 TV 프로그램 〈비정상회담〉에 출연했던 타일러 라쉬가 그렇습니다.

한국어를 유창하게 구사하는 외국인에게는 크게 두 가지 특징이 있습니다.

첫째, 한국어 억양이 자연스럽다

일본, 대만, 베트남을 비롯한 아시아권 사람들은 외모만 놓고보면 한국 사람처럼 보이기도 합니다. 대화하기 전까지는 국적을 잘 알 수 없지요. 하지만 말을 하면 외국 사람이라는 사실을 알 수 있습니다. 억양에서 특히 티가 많이 나기 때문입니다. 물론 티가 나는 것은 잘못이 아닙니다. 다만 외국인 수강생 중 제게 이런 어려움을 토로하는 경우가 있어요.

"한국말을 어눌하게 하니까 저를 만만하게 보는 사람들이 있어서 스트레스 받아요. 심지어 사기를 치려고 하는 한국 사람들이 있더라고요."

저도 대만에 놀러 갔다가 "谢谢(감사합니다)"라고 말한 적이 있는데 종업원이 웃더군요. 제 억양을 비웃은 것이었습니다. 그때 기분이 얼마나 상하던지요. 명백히 상대방의 태도에 문제가 있지만, 저처럼 외국에 놀러 가는 것이 아니라 아예 살러 가는 사람이라면 편안한 생활을 위해서 억양을 바로잡을 필요가 있습니다.

한국에서 많이 쓰는 인사말 '안녕하세요'는 밋밋한 억양으로 말하다가 '요' 부분에서 음을 올려야 표준 억양입니다. 그런데 같은 문장을 말해도 외국인의 억양은 올라갔다 내려갔다 합니다. 억양이 어색하지요. 그래서 한국어를 정말 한국인처럼 잘하기 위해서는 자연스러운 억양을 배우는 것이 매우 중요합니다.

둘째, 고급 어휘를 구사한다

타일러 씨는 한국어 공부법에 대한 인터뷰에서 유창한 한국어의 비결로 한자어 공부를 들었습니다. 이유는 한글 어휘의 많은 부분이 한자로 돼 있기 때문입니다. 한글의 옷을 입은, 무늬만 한글인 한자어가 많지요. 이때 어떤 한자가 쓰였는지 모르면 단어를 이해하기 굉장히 어려워집니다. 다음 중 상황에 어울리는 어휘를 골라 보세요.

결혼식에 참여하다 / 참석하다 / 참가하다.

이렇게 비슷한 의미를 가진 단어가 많은데 이를 구분하기 쉽게 도와주는 것이 한자입니다. 참고로 정답은 '참석(參席)하다'입니다. 앉을 때의 '자리'를 뜻하는 '석(席)'이 들어간 말이지요. 단순히 '출석하다'라는 의미입니다. 하객으로서 자리에 앉아 결혼식에 참석한 것이지요. 한편 '참여'에는 '출석'과 함께 '개입'의 의미가 있어요. 예컨대 '국민 참여 재판이 열렸다'고 할 때 '참여'라는 단어를 쓰지요. '참가'는 '출석'과 '개입' 그리고 '소속'까지 의미합니다. '대회에 동네 대표로 참가했다'고 말할 때 '참가'를 사용합니다. 이 외에도 '일석이조(一石二鳥)' 같은 사자성어를 공부하거나 속담을 알아 두면 소통이 훨씬 깊어지겠지요.

한국어로 숫자 읽는 법을 배워 두는 것도 좋습니다. 숫자를 읽는 방법에는 아라비아 숫자 1, 2, 3, 4, 5를 '일', '이', '삼', '사', '오'로 읽는 방법이 있고요. '하나', '둘', '셋', '넷'으로 읽는 방법이 있습니다. 예컨대 '3개월'은 어떻게 읽을까요? '세 개월'이 아니라 '삼 개월'이라고 읽습니다. 이외에도 시간 읽는 법, 나이 읽는 법, 물건 값을 읽는 법을 공부하면 훨씬 도움이 됩니다.

처세의 숨겨진 비결, 사투리

"설거지 매매해라."

외국인 게스트들과 경상도 사투리에 대한 퀴즈를 푸는 프로그램의 MC를 볼 때 나왔던 문제입니다. 여기서 '매매'란 무슨 뜻일까요?

외국인이 한 대답이 참 재밌었어요. 아파트를 '매매(買賣)'한다고 말할 때 쓰는 단어가 아니냐고 하더라고요. '매매'는 '깨끗이' 또는 '구석구석'이라는 뜻입니다. 야무지게 열심히 일을 마무리하라고 할 때 쓰이는데요. 즉 설거지를 깨끗이 하라는 말이었습니다.

요즘 북한 이탈 주민부터 연변, 중국, 베트남, 일본, 미국 등에서 살다가 한국으로 오는 사람이 많아지고 있는데요. 이분들의 고민 중 하나가 한국의 지역민들과 어울리고 싶은데 언어의 장벽 때문에 힘들다는 것입니다. 그래서 지방에 사는 분에게는 특히 표준어보다 사투리를 배우라고 권하기도 해요. 가뜩이나 외국에서 와 외모에서 풍기는 차이도 있는데 표준어까지 구사하면 더 거리감을 주기 쉽기 때문이지요. 실제로 사람들은 자신이 자주 쓰는 말을 하는 상대와 더 빠르게 연결됩니다. "한 뚝배기 하실래 예"라는 유행어로 유명한 방송인 로버트 할리 씨도 사투리를 잘 써서 인기를 얻은 경우입니다.

사투리를 배울 때는 크게 두 가지 핵심을 잡으면 도움 됩니다.

첫째, 파도 억양

표준 억양은 도로 위의 방지턱처럼 완만하게 오르내리는 것이 특징입니다. 반면 사투리 억양은 큰 파도가 치는 것처럼 오르내림의 폭이 큽니다.

둘째, 단어

사투리는 단어가 다릅니다. 앞서 살펴봤던 '매매'라는 단어가 그 예시지요. 전라도 사투리도 마찬가지입니다. '풍신나다'는 '아주 형편없고 초라하다'는 뜻이에요. 이처럼 각 지역마다 다른 단어들이 많습니다.

사투리를 공부하고 싶을 때는 지역민에게 도움을 요청해 보는 것도 좋습니다. 쉽게 쓰는 말이기에 흔쾌히 알려 줄 한국인이 많을 것이라고 생각합니다.

아나운서처럼 우아하게 표준어를 구사하는 방법

· 방지턱 억양법 ·

표준어와 사투리는 각각 고유의 특성이 있는 말일 뿐 어느 것이 더 뛰어나거나 열등하지 않습니다. 못 배운 사람이 사투리를 쓰는 것이 아니고 표준어를 쓴다고 꼭 교양 있는 사람이라고 할 수도 없습니다. 이는 모두 편견입니다.

사투리에는 각 지역의 특색이 담겨 있습니다. 그래서 타 지역 사람들이 들었을 때 재미의 요소로 작용할 수 있습니다. 또한 같은 지역의 사투리를 쓰는 사람들 간에 친근한 느낌을 주기도 합니다. 이처럼 사투리에는 구수함, 정감, 재미 등 다양한 효과가 있습니다. 한편 표준어는 말 그대로 전 국민의 표준이 되는 말이기에 여러 사람을 대상으로 소통하기에 좋고 세련미와 품위를 얻을 수 있다는 특징이 있습니다.

그래서 저는 사투리를 쓰는 분이라면 표준 억양을 제2외국어처럼 배워 보시기를 권합니다. 구체적으로 말하자면 아나운서의 표준 억양입니다. 많은 사람을 대상으로 말해야 하는 공식 석상에서는 표준어로 신뢰를 주고, 일상 대화를 나누는 사적인 자리나 지역 모임, 개인기를 보여 줘야 하는 상황에서는 사투리로 친근감을 주는 것입니다. 수많은 스타 강사는 물론이고 저 역시도 사투리를 그렇게 활용하고 있고 이에 대한 이점이 참 많습니다.

자연스러운 표준어의 비결, 방지턱 억양법

억양이란 높낮이와 강약을 일컫습니다. 글자, 단어, 문장마다 억양이 있지요. 표준어와 사투리의 억양 차이는 분명합니다. 대체로 사투리의 억양은 물결치고 표준 억양은 도로의 방지턱처럼 완만합니다.

사투리:

전라↑도↓ 여↑수↑에서 왔어요↑

경↑북↑ 경↑주↑시↓ 건천↑읍↓

표준어:

전라도 여수에서 왔어요

경북 경주시 건천읍

　다음의 문장들을 방지턱 억양으로 읽으며 표준 억양을 연습해 보세요. 마지막 《법구경》 구절에서는 직접 방지턱 억양을 표시하며 읽어 보세요.

안~~~~ (5초)

안녕하십니까

안녕하세요

안녕하십니까? OOO입니다.

행복도 내가 만드는 것이네.

불행도 내가 만드는 것이네.

진실로 그 행복과 불행 다른 사람이 만드는 것 아니네.

《법구경》

　길거리 간판으로 틈새 연습을 하는 방법도 있습니다. 길거리를 걸으면서 간판을 소리 내어 읽는 것입니다. 간판은 대체로 단어로 돼 있지요. 그래서 억양과 발음 연습에 참 좋습니다. 제가 아나운서 지망생이었을 때 즐겨 했던 연습 방법입니다. 효과가 좋았어요.

예를 들어 '스타벅스', '스킨푸드', '신세계 백화점' 등 간판이 마침 눈에 보인다면 소리 내어 읽는 것입니다. 방지턱 억양을 생각하면서 읽는 것이지요. 계속 연습하다 보면 알게 될 것입니다. 마치 방송에 협찬해 준 회사명을 부르는 것처럼 들린다는 것을요. 읽으면서 집까지 걸어가면 집 근처에 어떤 상점이 있는지도 파악할 수 있고 억양도 연습되는 일석이조의 방법입니다. 오늘부터 시작해 보세요.

말투에 활기를
불어넣어라

· 감탄사 억양법 ·

입으로 말하는 동시에 귀로 들으며 자신의 억양이 어떤지 파악하기란 어려운 일입니다. 그러므로 억양을 연습할 때는 반드시 녹음을 하고 모니터링해야 합니다. 아나운서들도 카메라로 자신의 모습을 촬영하며 진행 연습을 합니다. 이후에는 반드시 모니터링을 하지요. 모니터링을 해야 억양이 어땠는지, 발음은 어땠는지 객관적으로 파악할 수 있습니다.

억양을 모니터링하는 가장 쉬운 방법은 스마트폰을 활용하는 것입니다. 녹음은 물론이고 소요 시간까지 알려 주기 때문에 연습에 가장 알맞습니다. 스마트폰이 없다면 시중에 판매하는 2~3만 원대의 저렴한 녹음기도 좋습니다. 꼭 기계를 활용해서 연습해 보시기를 권합니다.

모니터링했을 때 억양이 전체적으로 물결치는 것처럼 들린다면 어떻게 해야 할까요? 방지턱 억양을 집중적으로 연습해야 합니다. 기초를 쌓아야 실력이 쌓이는 법입니다. 이외에도 스피치 MP3를 들으면서 계단식 억양법, 물결 억양법 등을 따라해 보시기를 권합니다. 마치 제2외국어처럼 억양, 즉 음의 높이와 강약을 익히는 것이지요. 여러 예문을 통해 표준 억양을 체득해 보세요.

그럼에도 평소 말투가 로봇처럼 부자연스럽다는 평가를 받거나 자연스러움을 주고 싶은 분들께는 감탄사 억양법을 추천합니다. 특히 대화하는 상황에서 맞장구를 칠 때 쓰면 자연스럽고 친근한 느낌을 줄 수 있습니다. 아래 문장에 있는 감탄사가 어색하다면 자신이 자주 쓰는 감탄사로 바꿔 보세요.

아~ 맞습니다. 음~ 궁금하신 내용 말씀해 주시겠어요?

어머~ 그러세요. (웃음 소리) 예, 동의해 주셔서 감사합니다.

일주일간 라디오 DJ로 살아 보기

따뜻하고 성숙한 느낌의 라디오 DJ 대본을 연습해 봅시다. 앞서 배운 방지턱 억양법, 계단식 억양법, 물결 억양법, 감탄사 억양

법 등을 적용해서 방송을 진행해 보세요. 나만의 원고가 될 수 있
도록 표시를 가감해 보세요. 체크돼 있지 않은 곳은 MP3를 들으
면서 느낌을 살려 진행해 봅니다.

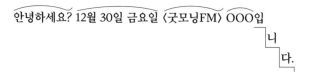

안녕하세요? 12월 30일 금요일 〈굿모닝FM〉 OOO입
니
다.

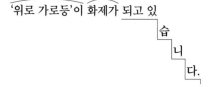

부산 수영구의 한 여자 고등학교 앞에 설치된
'위로 가로등'이 화제가 되고 있
습
니
다.

불빛과 함께 위로의 문구를 길바닥에 비추는 위로 가로등.

해가 지면 하나둘 불빛이 켜지면서 길바닥 위에 '토닥토닥', '수고 많았어'
같은 따뜻한 문구들이 비춰진다고 해요.

이곳을 지나가는 학생들과 직장인들에게 작은 위로가 되고 있습니다.

음~ 아무래도 따뜻한 말이 그리운 연말이라서 이런 말들에 더 위로받
는 거겠지요?

오늘 내 주위 사람들에게 위로의 한마디 꼭 한번 나눠 보세요.

오늘의 첫 곡, 〈걱정 말아요 그대〉

5단계

어떻게
상대를
계속해서
집중시킬까?

| 강조 훈련 |

"영혼 없는 말투"에서
"리듬감과 생동감 있는 말투"로

"책 읽듯이 밋밋한 말투"에서
"계속 듣고 싶은 흥미진진한 말투"로

"지루하고 재미없는 말투"에서
"혹하는 말투"로

"요점을 파악할 수 없는 말투"에서
"핵심을 쏙쏙 짚어 주는 말투"로

누구나 방송하는 시대에 인기를 끄는 방법

· 감정 연기 ·

한 설문 조사에서 초등학생을 대상으로 가장 되고 싶은 직업이 무엇인지 물었더니 1위가 유튜버였다고 합니다. 개인 방송의 인기는 날이 갈수록 높아지고 있습니다. 개인 방송 하는 사람들을 남녀노소 불문하고 주변에서 흔히 볼 수 있는 시대입니다. 조명, 카메라, 마이크 등 개인 방송과 관련된 제품도 불티나게 팔리고요. 앞으로 1인 방송의 흐름은 더 거세질 전망입니다.

이 흐름이 생겨난 가장 큰 원인은 수익이라고 생각합니다. 단순히 방송을 하는 데 그치지 않고 돈을 벌 수 있게 된 것이지요. 구독자 수와 조회 수가 늘어날수록 광고가 붙으면서 벌이가 쏠쏠해집니다. 월급보다 방송으로 인한 수익이 더 많아져서 전직을 하는 경우도 왕왕 보지요. 또는 자신의 사업을 홍보하는 수단으로 방송을 활용하기도 합니다.

그러다 보니 방송인의 애환을 아는 사람이 많아졌습니다. 시청자였을 때는 '내가 해도 저것보다는 낫겠다'고 생각했는데 막상 방송을 직접 진행해 보니 많은 어려움에 부딪히는 것이지요. 특히나 목소리의 중요성을 알아 가기 시작합니다.

전 세계 사람들이 즐겨 쓰는 동영상 플랫폼 유튜브만 봐도 그렇습니다. 구독자 수와 조회 수가 많은 인기 유튜버들을 살펴보세요. '먹방'부터 뷰티, 교육 등 방송의 주제는 달라도 대체로 자신의 말을 전달하는 능력이 좋다는 공통점이 있습니다. 특히 오디오 플랫폼에서 말의 전달력은 가장 강력한 무기가 됩니다.

다양한 방송 주제 중 타로를 예시로 들어 볼게요. 구독자의 관심이 높은 주제인 만큼 타로를 다루는 채널도 아주 많습니다. 경쟁이 치열하지요. 그중 구독자 40만 명을 훌쩍 넘긴 인기 채널 '타로마스터 정회도'의 영상을 봤습니다. 듣기 편하면서도 힘 있는 목소리라서 집중이 잘되더라고요.

영상의 댓글에도 저와 비슷한 의견이 많았습니다. '부드러운 카리스마', '안정적인 목소리', '전달력', '사막의 오아시스', '편안하고 차분한 분위기', '힘', '위로', '신뢰감' 등의 키워드를 많이 볼 수 있었습니다. 다시 말해 구독자도 말에 이끌려서 구독을 한다는 것이지요.

이처럼 말과 전달력은 방송에서 큰 힘을 발휘합니다. 그뿐만 아니라 일상생활에서도 귀에 확 꽂히는 말하기 능력이 원활한 의사소통에 큰 힘을 싣기도 하지요. 방송과 일상 두 마리 토끼를 잡을 수 있는 전달력 있는 말투를 지금부터 배워 보는 것은 어떨까요?

면접, 발표, 일상 대화 등의 상황에서 무미건조하고 툭툭 내뱉는 말투를 듣고 싶어 하는 사람은 거의 없을 것입니다. 감정 없이 밋밋하게 말하면 차갑다거나 무뚝뚝하다는 오해를 받기 십상입니다. 또한 금방 지루해져서 청중이 화자의 말에 집중하기 힘들지요. 방송인, 강사, 유명인 들을 보세요. 인기 있는 전문가들은 하나같이 생동감 있게 말합니다. 밋밋한 말투에 감정을 불어넣고 아나운서의 강조법을 적용하면 말이 확 달라집니다. 한 걸음씩 함께해 보시죠.

말의 맛을 살리는 성우의 감정 연기법

성우들이 찾는 목소리 연기 수업에는 감정 수업이 꼭 들어 있습니다. 같은 말이라도 다른 감정을 담으면 다르게 전해지는 것이지요. '감사합니다'라는 문장에 여러 감정을 담아 읽어 보세요.

감사합니다.

1. 따뜻함
2. 울먹임
3. 시큰둥함
4. 씩씩함
5. 실망감

감정을 잡기 어렵다면 위에서 제시한 상황을 상상해 보세요. 훨씬 쉬울 것입니다. 그래도 잘 안 되나요? 그러면 감정에 맞는 표정을 지으면서 말해 보세요. 더 쉬울 것입니다.

기쁜 표정으로 말하기

기쁜 감정을 넣고 싶을 때는 기쁜 순간을 상상하거나 기쁜 표정을 지어 봅니다. 기쁨의 감탄사나 웃음 소리를 넣어도 좋습니다. 또는 기쁜 마음을 담아 소리의 크기를 점점 키우는 것도 좋아요.

"선생님, 저 대박 났어요. 대박!"
→"(감탄사) 선생님, (웃음 소리) 저 대박 났어요. (소리 더 크게) 대박!"

슬픈 표정으로 말하기

슬픔의 감정을 넣을 때는 슬픈 장면을 상상하거나 슬픈 표정을 지어 보세요. 울음 소리를 넣어도 좋고요. 또는 슬픔을 절제할 때

나는 소리를 넣어도 좋아요.

"자기야, 유학 잘 다녀와. 기다릴게!"
→"(훌쩍이며) 자기야, (쉬고) 유학 잘 다녀와. (이를 꽉 깨물며 슬픔 참기)
기다릴게."

화난 표정으로 말하기

마찬가지로 화나는 상황을 상상하며 화난 표정으로 읽어 보세
요. 화가 난 것을 표현할 수 있도록 한숨 쉬는 소리를 넣어도 좋고
화가 난 정도에 따라 소리를 확 키우거나 낮춰도 좋습니다.

"친구야, 지난번에도 그렇고 오늘도 그렇고 나한테 왜 그래?"
→"(한숨) 친구야, (쉬기) 지난번에도 그렇고 (쉬기) 오늘도 그렇고 나한
테 (소리 키우기) 왜 (소리 낮추기) 그래?"

놀란 표정으로 말하기

놀라는 상황을 머릿속으로 그리며 표정과 몸짓을 함께 취해도
좋아요. 또는 감탄사나 호흡을 넣어서 느낌을 더 살려 보세요.

"선배님, 정말 예뻐요."
→"(감탄사) 선배님, 정말 (쉬고) 예뻐요."

중요한 단어에서는
속도를 늦춰라

· 핵심 단어 강조법1 ·

"그 채널, 너무 졸려서 못 보겠더라고요."

한 수강생이 자신이 본 유튜브 영상에 대해 제게 한 말이에요. 내용이 알차서 집중하고 싶은데 목소리를 들을 때마다 힘들다고요. 책 읽듯이 밋밋하게 말하면 듣는 사람이 지루해지는 것은 당연하겠지요? 제가 구독한 채널들을 살펴봐도 대체로 진행자의 전달력이 좋다는 공통점이 있습니다.

방송의 여러 기법 중 특히 내레이션에서 전달력은 더욱 중요해집니다. 요즘에는 영화와 드라마의 한 장면을 내레이션으로 설명해 주는 콘텐츠가 많습니다. 구독자에게 책을 읽어 주는 콘셉트의 콘텐츠들도 마찬가지입니다. 전달력은 얼굴이 보이는 방송에서도 중요하지만 목소리만으로 방송을 이끌어야 할 때는 더더욱 중요합니다. 말투에서 미숙한 티가 잘 드러나기 때문이지요.

내레이션으로 영화를 소개하는 유튜브 채널로 예를 하나 들어 보겠습니다. 구독자 수가 280만 명을 훌쩍 넘는 '지무비'의 진행자는 기본적으로 발성이 좋습니다. 목소리의 톤이 안정적이면서도 울림이 있어 시청자 입장에서 듣기 참 좋지요. 또한 내용을 밋밋하게 설명하지 않습니다. 비유하자면 환자의 심장 박동이 멈추는 순간 기계에서 울리는 '삐-' 소리와는 다릅니다. 오히려 강물 위로 팔딱팔딱 튀어 오르는 물고기로 비유할 수 있겠지요. 이런 전달력을 위해서는 말할 때 중요한 단어를 강조해서 표현해야 합니다.

구독자의 귀를 붙드는 천천 기법

한 영상에 나온 첫 멘트로 함께 공부해 보겠습니다.

부상을 입은 채 고통스러워하는 남자.

이런 멘트로는 어떻게 시청자의 귀를 사로잡을 수 있을까요? 우선 중요한 단어가 무엇인지부터 체크해 봅시다. '부상', '고통',

'남자' 같은 단어를 강조할 수 있겠지요? 원하는 단어를 강조해 봅니다. 저는 다음과 같이 체크해 봤어요.

부상을 입은 채 고통스러워 하는 남자!

'고통스럽다'는 부분을 천천히 읽으며 그 느낌을 더 강조하는 것입니다. 또한 '남자'라는 단어를 강조하기 위해서 느낌표로 쳐올리듯이 말합니다. 한번 따라 읽어 보세요. 앞서 책 읽듯이 밋밋하게 말했을 때와는 완전히 다르게 들리지요? 이렇듯 좋은 내레이션은 영상에 찰떡같이 붙어서 시청자의 몰입도를 높입니다.

이 기법 외에도 중요한 단어를 후루룩 흘러가듯이 말하지 않고 강조하는 스킬이 많습니다. 아나운서가 방송을 진행할 때 주로 쓰는 방법이지요. '내 영상 참 좋은데 왜 사람들이 보지 않는 걸까?' 하는 고민이 든다면 이 방법으로 중요한 부분을 강조해 보는 것은 어떨까요? 같은 말도 완전히 다르게 전해질 것입니다.

천천 기법

밋밋하게 말하면 듣는 사람의 관심을 이끌어 내기가 어렵습니다. 문장 안에서 가장 중요한 핵심 단어에 강조법을 써야 귀에 확 꽂히게 말을 전할 수 있지요. 천천 기법은 말 그대로 천천히 말해 주는 방법인데요. 문장에서 핵심 단어를 천천히 말하는 스킬입니다. 핵심 단어를 제외한 나머지 단어는 상대적으로 조금 빠르게 말해야 합니다. 그러면 핵심 단어가 귀에 확 꽂힙니다. 속도 조절이 관건입니다. 핵심 단어의 길이는 다섯 글자 남짓일 때 가장 듣기 좋습니다. 마지막 예문에서는 스스로 중요한 부분을 찾아서 강조해 보세요.

가장 중요한 사실은 당신도 할 수 있다는 것을 아는 것이다.

-로버트 앨런-

나는 우연히 성공한 것이 아니라 꾸준한 노력으로 성공한 것이다.

-어니스트 헤밍웨이-

길이 없으면 길을 찾고, 그래도 없으면 새로 만들면 된다.

-정주영-

경쟁이 치열할수록
음의 높낮이를 조절하라

· 핵심 단어 강조법2 ·

직장 생활을 주제로 한 드라마 〈미생〉에 등장했던 프레젠테이션 장면을 본 적 있나요? 영상의 조회 수가 150만 회를 넘을 정도로 프레젠테이션에 대한 직장인의 관심은 언제나 뜨겁습니다. '나도 발표 잘하고 싶다'는 댓글도 왕왕 보입니다. 직장에서 발표를 잘하면 임원진에게 눈도장을 찍을 수도 있고 무엇보다 회사 생활에도 더욱 자신감이 생기지요.

저는 직업 특성상 발표할 일이 참 많습니다. 기업의 경쟁 PT 발표자로 섭외되기도 하고, 정부 기관이나 민간 기관으로부터 사업투자를 받기 위해 발표하는 '스타트업 IR 피칭'에서 사업 지원금을 따낸 경험도 여럿 있습니다. 물론 탈락의 경험도 있지요. 이 경험들을 통해 승리와 패배를 가르는 데에는 여러 요인이 있다는 사실을 배웠습니다. 그중 하나가 바로 전달력입니다.

경쟁이 치열한 사업 PT에서는 전달력 있는 말투가 더더욱 중요합니다. 예전에 사업 투자금을 따내기 위해 스타트업 투자 발표를 맡은 한 대표가 저를 찾아와 이렇게 말했습니다.

"지원금의 규모가 작을 때는 그냥 발표를 해도 따냈는데 투자금 규모가 커지니 전문가 실력을 갖춘 발표자에게 밀렸습니다."

그렇다면 프레젠테이션에서 말투의 전달력이 가장 빛을 발하는 순간은 언제일까요? 바로 첫마디입니다. 입을 떼는 순간부터 기선을 제압할 수 있기 때문입니다. 첫마디부터 귀에 확 꽂히는 전달력으로 말을 이어 간다고 상상해 보세요. 물론 설득을 위해서는 내용을 잘 구성하고 PPT를 센스 있게 디자인하는 것도 중요합니다. 하지만 전문가 같은 전달력이 뒷받침돼야 이 또한 힘을 발휘합니다. 두 예문을 통해 더 구체적으로 살펴보겠습니다.

밋밋하게 말하기: "안녕하십니까? 태양 에너지 사업의 발표를 맡은 홍길동입니다."

강조하며 말하기: "안녕하십니까? 태양 에너지 사업의 발표를 맡은 홍길동입니다."

첫 번째 예문은 마치 책을 읽는 것처럼 밋밋하게 영혼 없이 말하는 경우입니다. 이렇게 말하면 발표를 듣는 임원진과 관계자의 눈꺼풀은 금세 무거워집니다. 반면 두 번째 예문은 아나운서가 뉴스 리포트를 발표할 때처럼 문장에서 가장 중요한 핵심 단어를 강조하는 경우입니다. 앞선 예문에서는 '태양 에너지'와 '홍길동'을 핵심 단어로 잡을 수 있습니다.

눈으로만 봐도 차이가 느껴지지요? 중요한 단어를 강조하는 스킬에는 크게 다섯 가지가 있습니다. 그중 하나가 앞서 소개한 천천 기법이고요. 또 하나가 '높천'입니다. 중요한 단어에서 음을 높이며 천천히 말하는 것을 뜻합니다. 즉 '태양 에너지'에서 음을 높이고 천천히 한 글자씩 짚어 주듯 말하는 것입니다.

한 글자씩
짚어 주는 배려

강조법은 한 문장에 한두 번 정도만 쓰는 것이 좋습니다. 많이 쓰면 오히려 정신 없을 수 있기 때문입니다. 과유불급이지요. 그러므로 문장에서 가장 중요한 핵심 단어를 찾는 연습도 함께 하면 좋습니다. 또한 강조법에는 정답이 없습니다. 들었을 때 가장 자연스럽고 어울리는 방식으로 선택하면 됩니다.

이어서 중요한 단어를 강조하는 스킬을 자세히 보겠습니다.

높천 기법

주로 긍정의 의미를 가진 단어에서 음을 확 높이는 동시에 천천히 말하는 강조법입니다. 문맥의 흐름상 중요한 단어를 강조하고 싶을 때 써도 좋습니다. 다음 예문에서 표시한 부분들은 문장에서 가장 중요한 단어입니다. 강조법을 써서 읽어 보세요. 마지막 예문에서는 스스로 중요한 단어를 한 개 찾아서 강조해 보세요.

행복해서 웃는 것이 아니라 웃어서 행복한 것이다.

-심리학자 윌리엄 제임스-

습관은 인생을 좌우한다.

-투자의 천재 워런 버핏-

단 한 권의 책밖에 읽지 않은 사람을 경계하라.

- 영국의 수상 벤저민 디즈레일리-

낮천 기법

주로 부정적인 단어에 쓰거나 문장에서 중요한 단어를 강조할 때 씁니다. 이 기법에서는 음을 낮추고 천천히 말합니다. 중요한 단어에서 음을 확 낮춰 귀를 사로잡는 방법입니다. 마지막 예문에서는 스스로 중요한 단어를 한 개 찾아서 강조해 보세요.

상담원: 저희 회사 실수로 배송이 늦어져서 정말 죄송합니다.

쇼 호스트: 고객님! 이번 기회, 잡으셔야 돼요.

발표자: 이번 프로젝트에 200억 원이 들었습니다.

길게 늘이거나
잠시 쉬어 가거나

· 핵심 단어 강조법3 ·

"소규모 정부 지원 사업은 쉽게 따냈는데 규모가 커지니까 발표 실력이 정말 필요해지네요."

IT 업체의 대표가 저희 스피치 교육원에 수강 신청을 하며 한 말입니다. 정부 지원 사업의 심사 현장 분위기를 체감한 것이지요. 실제 정부 지원 사업 중에는 발표 없이 서류만으로도 지원금을 따낼 수 있는 경우가 있습니다. 500만 원 안팎의 소규모 지원금은 웬만한 발표 실력으로도 따낼 수 있고요. 하지만 지원금 규모가 커질수록 발표를 거쳐 더욱 심도 있게 심사하고 경쟁도 더욱 치열해집니다.

그렇다면 정부 지원 사업이나 민간 기관 등에서 투자를 받으려면 어떻게 발표해야 할까요? 크게 세 가지가 필요합니다. 설득력, 전달력 그리고 진심입니다.

설득력, 전달력, 진심
성공적인 발표를 위한 3요소

첫째, 설득력

심사 위원이 듣고 싶어 할 말로 내용을 구성해야 합니다. 투자할 만한 가치가 있는 사업인지를 설명해야 하는 것이지요. 정부 지원 사업으로 투자받는 대표들이 이것을 잘합니다. 반면 투자받지 못하는 대표들은 자신이 하고 싶은 말만 늘어놓는 경향이 있습니다.

자신의 사업을 장황하게 설명하는 것보다 한 줄 또는 한마디로 정의할 수 있는지가 중요합니다. 심사 위원이 궁금해하는 내용을 담아 간결하게 말할 수 있느냐를 보는 것이지요. 다음처럼요.

대한민국 최초로 신선한 식재료를 새벽에 배송해 드리는 온라인 식재료 쇼핑몰 '마켓컬리'입니다.

만약 여러분이 사업을 운영한다면 한마디로 어떻게 설명할 수 있나요? 그냥 가볍게 연습해 보는 것입니다. 저부터 해 볼까요?

대한민국 최초, 스피치 강의는 물론 연습까지 같이 해 드리는 온라인 스피치 전문 교육원 '말이술술'입니다.

카페마다 '시그니처' 메뉴를 갖고 있듯이 자신이 사업에서 가장 내세울 수 있는 것이 무언인지 말해 주는 것이지요. 이렇게 자신의 사업을 한마디로 설명한 후에 본격적으로 그 사업이 투자를 받을 만한 이유가 무엇인지를 말하는 것입니다. 다음은 이름하여 '투자하고 싶어지는 사업 발표 7단계 구성'입니다.

1. 기업 한 줄 소개: 사업에서 내세울 수 있는 강력한 매력 포인트를 넣어 소개합니다.
2. 대표자 소개: 사업과 관련된 대표자의 경력, 학력, 자격 등을 소개해 신뢰감을 높입니다.
3. 해당 시장의 문제와 원인 분석: 타깃으로 잡은 집단이 현재 갖고 있는 문제와 원인을 언급합니다.
4. 사업과 해결 방안 연결하기: 앞서 제시한 문제와 원인에 따른 해결 방법을 자신의 사업과 연결합니다. 이때 국내외의 해결 사례를 언급하며 자신의 기업이 더 좋은 해결 방안을 갖고 있음을 강조합니다.

5. 시장성과 차별점 강조: 해당 사업에 시장성이 있다는 사실에 대해 각종 근거를 듭니다. 특히 시장에서의 차별점을 세 가지 정도 언급해야 합니다.
6. 매출 목표 계획: 현재 매출 상황과 목표 매출, 그리고 이를 위해 필요한 예산 계획까지 설명합니다.
7. 투자자의 바람 언급하기: 투자금을 회수할 수 있다거나, 일자리를 창출한다거나, 사회적으로 긍정적인 효과를 줄 수 있다는 등 투자자의 입장에서 듣고 싶은 바람을 언급합니다.

만일 심사 위원이 궁금해하는 내용이 무엇인지 잘 모르겠다면 정부 지원 사업 공고에 있는 선정 심사 기준을 확인하세요. 기준에 대해 친절하게 설명하고 있으니 그것을 중심으로 말의 내용을 구성하면 좋습니다.

둘째, 전달력

의외로 많이 간과되는 부분입니다. 설득력을 갖춰도 전달력이 부실하면 심사 위원에게 신뢰를 주기 어렵습니다. 투자금이 1억 원을 넘어갈수록, 경쟁이 치열해질수록 더 그렇지요. 전달력이 좋다는 것은 아나운서처럼 명료하고 크게 전달되는 목소리, 또박또박 명확한 발음, 긴장해도 과하게 빨라지거나 느려지지 않는 말의 속도, 말끝을 흐리지 않는 자신 있는 억양, 영혼 없이 밋밋하게 발표하지 않고 중요한 부분만 강조하는 능력을 가졌다는 것을 말합니다. 발표의 질을 전체적으로 확 높여 주는 능력들이지요.

저는 20대에 처음으로 정부 지원 사업에 도전했고 첫 도전에 약 7,000만 원을 따냈습니다. 당시 아나운서 시험에도 합격하는 바람에 지원금을 다시 반환하기는 했지만요. 하지만 한 가지를 확실히 알게 됐습니다. 제가 전달력과 설득력을 동시에 갖췄기 때문에 투자금을 빠르게 따낼 수 있었다는 사실 말입니다.

실제 IR 피칭 대회를 실시간으로 지켜본 적이 있습니다. 'IR 피칭'이란 사업가가 정부 기관으로부터 사업 투자금을 받기 위해 사업에 대한 발표를 하는 것입니다. 앞서 수강 신청한 대표가 그 무대에서 발표를 했기 때문인데요. 저는 그날 다른 대표들의 피칭을 보고 놀랐습니다. 긴장해서 얼어붙은 나머지 차렷 자세로만 말하는 사람부터 원고에 의존한 나머지 고개를 원고에 파묻고 발표하는 사람까지 다양한 문제를 가진 사람들을 봤기 때문입니다.

설득력 있게 말을 구성해도 합격이 잘되지 않는다면 자신의 전달력을 살펴봐야 할 타이밍입니다. 전달력이 있으면 같은 말을 해도 전혀 다르게 들리니까요. 참고로 전달력은 시간적인 여유가 있을 때 미리 배워 둬야 실제 발표할 때 더 유용하게 쓸 수 있습니다. 스피치는 체득해야 하는 능력이기 때문에 연습을 통해 익히는 시간이 필요하기 때문입니다.

마지막, 진심

사람의 마음은 언제 움직일까요? 상대의 진심을 봤을 때라고 생각합니다. 이 사람이 사업의 '데스밸리'에 이르렀을 때도 이 사업을 책임지고 끝까지 가져갈 사람이라는 사실을 보여 줘야 합니다. '사업 계획'이라 함은 결국 계획에 불과한 것인데요. 이 계획을 실현해 나갈 수 있는 진심의 크기를 보고 싶은 것입니다.

설득력, 전달력, 진심 이 세 가지 요소는 사업가가 아닌 투자자의 입장으로 바꿔 생각했을 때 더 빠르게 이해됩니다. 자신의 피 같은 돈을 어떤 사업에 투자하게 된다면 자신 또한 이런 요소를 따지고 들 것이기 때문입니다. 투자해 준 고마운 이에게 어떻게 보은할지를 생각해 본다면 이 세 가지 요소를 갖추는 것은 어쩌면 당연한 일인지 모릅니다.

투자자의 마음을 움직이는 중요 단어 강조법

다음은 핵심 단어를 강조하는 다섯 가지 방법 중 나머지 두 방법입니다. 적절히 사용해 발표의 전달력을 높여 보세요.

길게 기법

형용사, 부사 등 꾸밈말에 자주 쓰입니다. 물론 핵심 단어에 쓸 때도 있지만 주로 꾸밈말에 씁니다. 단어를 늘여 주면 밋밋하게 들리는 것을 방지하게 됩니다. 또한 말하는 이의 감정도 느껴져 귀에 쏙쏙 들립니다. 마지막 예문에서는 스스로 중요한 단어를 한 개 찾아서 강조해 보세요.

"우리 동네에는 맛집이 엄—청 많아요."
"신청해 주셔서 정—말 감사합니다!"
"꾸준하게 연습했더니 스피치 능력이 올랐습니다."

쉼삼 기법

'쉼삼'이란 3초 쉰다는 뜻입니다. 가장 중요한 단어를 말하기 전에 3초 정도 뜸을 들이는 스킬입니다. 아나운서가 연말 시상식에서 수상할 사람을 호명하기 전 기대감을 고조시키기 위해 뜸 들이는 것을 떠올리면 이해가 쉽습니다. 갑자기 3초간 침묵하기 때문에 사람들의 이목을 더 집중시킬 수 있어서 효과적입니다.

이 강조법은 가장 중요한 부분에만 쓰는 것이 좋습니다. 이 기법을 남발하면 오히려 어색하게 들리기 때문입니다. 또한 듣는 사람의 집중력이 떨어질 수도 있습니다. 따라서 말하는 내용에서 가장 중요한 단어에 한두 번 정도만 쓰시기를 권합니다. 마지막 예문에서는 스스로 중요한 단어를 한 개 찾아서 강조해 보세요.

세 모녀 사건의 진실, ∨ 과연 무엇일까요?

사회자 : 올해의 대상은 ∨ 홍길동님 입니다. 축하드립니다!

단지 성공하는 사람이 아니라 가치 있는 사람이 돼라. -아인슈타인-

끝으로 '협상의 전문가'라고 불리는 펜실베이니아대학교 와튼
스쿨 교수 스튜어트 다이아몬드의 말로 마무리하겠습니다.

"협상에서 덜 중요한 사람은 언제나 당신임을 기억해야 한다.
가장 중요한 사람은 바로 상대방이다."

과하게 연습해야
실전에서 잘 쓴다

· 리듬감 ·

어릴 적 운동장 조회 시간에 들었던 교장 선생님의 훈화를 한번 떠올려 보세요. 피가 되고 살이 되는 좋은 말입니다. 하지만 단조롭고 밋밋하게 이어져서 계속 듣다 보면 지루해집니다. 조회가 끝난 운동장 여기저기에 구덩이가 패여 있는 이유입니다. 지루함을 못 이긴 학생들이 발로 장난을 친 흔적이지요.

똑같은 말을 해도 누가 하느냐에 따라 사람들의 반응이 달라집니다. 호국 보훈의 달을 맞아 '애국합시다'를 주제로 말한다고 가정해 볼게요. 역사에 기록된 애국자들의 삶이 주된 내용입니다. 이때 교장 선생님과 역사 과목의 스타 강사가 같은 주제로 말을 한다면 사람들은 누구의 말을 들으려고 할까요? 스타 강사에게 귀 기울일 확률이 높습니다. 애국자들의 삶은 역사에 기록된 사실 그대로이기 때문에 내용도 크게 다를 게 없지요. 그럼에도 스타 강사를 선택하는 이유는 전달력에 있습니다. 전달력 있는 사람이 실감 나게 말해 주니까요. 한 편의 드라마를 보여 주듯 흡입력 있게 말하기 때문에 사람들을 더 집중시킬 수 있는 것입니다. 내용에 따라 표정을 다양하게 짓고 다채로운 목소리로 연기하면서 말의 내용을 살리기도 하지요.

이제 사람들은 옛날처럼 어깨에 힘주고 진지하게 무게 잡는 리더를 그다지 좋아하지 않습니다. 생동감 있게 말하고 편안하면서도 카리스마 있는 리더에게 마음을 더 여는 경향이 있습니다. '세계에서 가장 가난한 대통령'이라고 불리는 호세 무히카에게서 힌트를 얻을 수 있습니다. 우루과이의 제40대 대통령인 그는 국민들에게 '페페(Pepe)'라는 애칭으로 불립니다. 스페인어로 '할아버지'라는 뜻이지요. 그는 레임덕을 겪지 않았고 퇴임할 때의 지지율이 취임할 때보다 더 높았습니다. 국민들이 강력하게 재선을 요구하기도 했지요. 그의 인기 비결은 친근하면서도 카리스마가 느껴지는 데 있습니다. 또한 그는 공식적으로 소유한 재산이 구형 자동차 한 대가 전부일 정도로 검소한 매력도 있지요.

이처럼 리더가 어깨에 힘을 빼고 낮은 자세로 말하면 사람들은 오히려 더 귀를 기울입니다. 전 청와대 대변인이자 작가인 윤태영 씨가 쓴 《대통령의 말하기》에도 비슷한 사례가 나옵니다. 보통 대통령을 상대하기 어려운 존재라고 생각하지만 대통령이 낮은 자세로 다가가면 금세 이웃집 아저씨 같은 친근감과 인간적인 매력을 느낀다고요.

"싱싱한 고등어가 있습니다. 싱싱한 고등어. 한 마리에 980원. 싱싱한 노무현이 왔습니다. 싱싱한 노무현."

이는 2002년 12월 대통령 선거 운동 당시, 부산의 어느 지하 식품 매장에 들렀던 故 노무현 전 대통령이 마이크를 붙잡고 한 이야기입니다. 자신을 고등어와 같은 수준으로 기꺼이 낮춘 것이지요.

근엄하고 어깨에 힘준 리더보다는 낮은 자세로 말하는 리더에게 우리는 더 끌립니다. 이때 말투의 전달력을 살려 중요한 단어를 강조하며 말한다면 어떨까요? 눈이 초롱초롱해져서 모두가 주목하게 됩니다.

일주일간 성우로 살아 보기

보통 밋밋하게 말하거나 강조법을 잘 쓰지 못하는 사람들은 강조법을 연습할 때도 점잖게 합니다. 강조를 하는 둥 마는 둥 합니다. 따라서 연습을 할 때는 과하게 해 보시기를 바랍니다. 자신이 쓸 수 있는 평소의 감정이나 강조법에 두 배 내지 세 배 힘을 실어서 연습해 보세요. 연습을 녹음하고 그것을 모니터링하며 정도를 가감해 보는 것입니다. 그러면 어느 정도로 강조해야 하는지의 적당한 기준을 잡을 수 있을 것입니다.

《아트 스피치》의 저자 김미경 씨도 스피치가 음악과 비슷하다고 했습니다. 저도 이 의견에 동의합니다. 강조법과 성우 연기법을 사용한 말들은 가만히 들으면 마치 음악처럼 들립니다. 그렇기 때문에 더욱 귀를 사로잡을 수 있는 강조법과 표현법으로 연습해야 하는 것이지요. 단조로운 음악을 오래 들으면 누구나 지루해지니까요.

다음은 영화 〈말모이〉를 소개하는 내레이션입니다. 앞서 배운 성우의 감정 표현법과 아나운서의 핵심 단어 강조법을 넣어서 실감 나게 전해 보세요.

일제 강점기의 1940년대, 한글이 사라지고 있다!

혼돈의 시기, 자식 입에 풀칠이라도 하기 위해 소매치기를 하는 아빠 김판수.

하필이면 소매치기를 당한 사람이 조선어학회 대표 류정환이었다?

아이고! 게다가 그는 아들의 선생님이라는데….

손이 발이 되도록 싹싹 빌고 류정환에게 일자리를 부탁하는 판수.

그런데 한글도 모르는 <u>까막눈</u> 판수가 <u>우리말 모으기</u>를 할 수 있을까요?

한글을 지켜 내는 이들의 가슴 뜨거워지는 <u>영화</u>, 〈말모이〉입니다.

6단계

어떻게
자신 있게
말할까?

| 자세 훈련 |

"아마추어처럼 대본을 읽는 발표"에서
"프로처럼 자유롭게 말하는 발표"로

"긴장해 주눅이 든 표정"에서
"밝고 생동감 있는 표정"으로

"경직된 차렷 자세"에서
"눈과 귀를 사로잡는 제스처"로

"발표 울렁증과 무대 공포증"에서
"자신 있게 말하는 능력"으로

대본에 구애받지 않고 편하게 발표하는 법

· 아나운서의 암기법 ·

"도저히 대본이 외워지지 않아요. 10분 분량의 영상을 벌써 4시간째 촬영하고 있어요."

개인 방송을 시작한 분들에게 암기는 큰 고민입니다. 하고 싶은 말을 대본에 쓰기는 했는데 외워서 카메라를 보고 말하려니 어려워요. 나름대로 외웠는데 중요한 말을 다 까먹기도 하고요. 외운 티가 줄줄 나서 로봇처럼 부자연스러워 보이기도 하지요.

결국 원고를 힐끔힐끔 보면서 영상을 촬영합니다. 촬영분을 확인하니 진행자가 책상 위의 원고를 볼 때마다 정수리가 훤히 들여다보입니다. 시청자와 눈을 맞추지 않으니 보는 사람 입장에서는 지루하고 몰입되지 않습니다.

혼자서 끙끙 앓다가 결국 기계의 힘을 빌리기도 합니다. '프롬프터'라고 들어 보셨나요? 방송할 때 원고 대신 모니터를 보며 말할 수 있게 도와주는 기계입니다. 모니터에 뜬 글씨들이 위로 올라가며 대본을 읽을 수 있게 도와줍니다. 뉴스 앵커와 생방송의 MC가 주로 쓰지요. 전 미국 대통령 버락 오바마도 연설할 때 프롬프터를 썼습니다.

그런데 이 기계도 요령 있게 써야 합니다. 초보자는 위로 움직이는 글을 따라 눈동자가 함께 움직이기 때문입니다. 보고 읽는 티가 많이 납니다. 시청자 입장에서는 진행자의 눈이 계속 왔다 갔다 하니 의아하지요.

아나운서들도 프롬프터를 쓰지만 의존하지는 않습니다. 자연스럽게 사용할 수 있도록 눈짓과 고개의 방향 등을 여러 번 연습해서 익힙니다. 무엇보다 대본이 어느 정도 암기된 상태에서 프롬프터를 사용합니다. 그래야 문장들이 훨씬 자연스럽게 이어지기 때문입니다.

기계의 힘을 빌리지 않고 완전히 암기할 수 있다면 그보다 더 좋을 수가 없습니다. 머릿속에 프롬프터를 한 대 들여놓는 격이니까요. 무엇이든 지나치게 의존해서는 안 됩니다. 생방송 중에 기계의 전원이 나가는 등의 변수는 언제나 있기 마련이고 적어둔 원고의 말이 틀리는 경우도 있습니다. 프롬프터의 가격 또한 만만치 않습니다.

저는 생방송을 진행할 때 대본의 전체적인 흐름을 외웠습니다. 서론, 본론, 결론 각각의 상황에서 '이런 말을 해야겠다'는 식의 흐름이요. 물론 처음에는 시행착오가 많았습니다. 아나운서 아카데미의 선생님들과 다른 선배들에게 물어보면 그냥 외우라는 답변만 돌아와서 답답하기도 했고요. 그냥 외워졌으면 이런 고민을 하지도 않았겠지요. 그래서 저는 암기법을 개발했습니다.

처음에는 암기법이 생소하고 어색하게 느껴질 수 있습니다. 하지만 계속 연습하고 익힐수록 자연스러워집니다. 새로운 원고를 암기하는 데 걸리는 시간도 예전보다 훨씬 단축될 것입니다.

핵심은 기억하고
자연스러움은 살려라

국민 아나운서 이금희 씨는 《우리 편하게 말해요》에서 인터뷰할 때 자신이 쓰는 암기 방법을 공개했습니다. 출연자에 관해 약 100장 분량의 자료를 모은 후 중요한 내용에 밑줄을 치면서 내용을 줄여 나가는 것이지요. 그러다 나중에는 광고 문구처럼 짧게 한 장으로 줄입니다. 그 과정에서 자연스럽게 외워집니다. 만약 방송 중에 내용을 까먹어도 요약본의 단어를 살짝 보면 기억이 나지요.

저는 이 노하우를 보고 커닝페이퍼가 떠올랐어요. 같은 반 아이들이 커닝을 하려고 미리 시험 범위를 정리했다가 결국에는 다 외워져서 시험을 잘 봤다는 전설의 이야기. 이처럼 암기하는 방법은 각자 달라도 핵심은 같습니다. 바로 '흐름을 기억한다'는 것입니다.

아나운서는 생방송 중에 대본을 되도록 보지 않고 카메라를 응시하며 방송을 진행합니다. 물론 중간 중간 중요한 멘트를 힐끔힐끔 볼 수는 있겠지만 대체로 전체 흐름을 외워 말을 합니다. 그렇다고 모든 문장을 달달달 암기하는 것이 아니에요. 전체를 서론, 본론, 결론 등으로 나눈 후에 중요한 핵심 단어와 흐름을 외우는 것이지요. 함께 배워 보시죠.

첫째, 원고를 첫말, 중간 말, 끝말로 삼등분한다

먼저 전체 원고를 읽습니다. 그러면 흐름에 따라 내용이 나눠지는 부분이 있습니다. 다음은 앞서 실습 원고로 썼던 라디오 DJ 원고입니다. 첫말에서는 인사와 요일, 프로그램명을 말합니다. 중간 말에서는 '위로 가로등'이 무엇이고 왜 화제가 됐는지에 대해 밝힙니다. 그러면서 요즘 같은 연말에도 위로가 필요하다며 '주변 사람들에게 한마디씩 위로를 건네자'는 메시지를 건네고 있네요. 끝말에서는 이 메시지와 어울리는 곡을 소개하며 마칩니다.

1. 첫말

안녕하세요? 〈굿모닝FM〉 ○○○입니다.

2. 중간 말

부산의 한 고등학교 앞에 설치된 '위로 가로등'이 화제입니다.

가로등 불빛과 함께 위로의 문구가 길바닥에 비춰지는 위로 가로등.

해가 지면 하나둘 불빛이 켜지면서 길바닥 위로 '토닥토닥', '수고 많았어'

같은 따뜻한 문구들이 비춰진다고 해요.

이곳을 지나가는 학생들과 직장인들에게 작은 위로가 되고 있습니다.

음~ 아무래도 따뜻한 말이 그리운 연말이라서 이런 말들이 더 위로가 되

는 거겠지요?

오늘 내 주위 사람들에게 위로의 한마디 꼭 한번 나눠 보세요.

3. 끝말

오늘의 첫 곡, 〈걱정 말아요 그대〉

둘째, 중요한 단어를 표시한다

한 문장당 최소 한 개 이상 중요한 단어에 표시를 해 보세요. 이 때 '중요한 단어'란 이 단어를 빼고서는 내용 전달이 안 될 정도의 단어를 뜻합니다. 반면 상대적으로 덜 중요한 단어는 해당 단어를 빼도 내용이 전달된다는 것을 뜻하겠지요. 첫말, 중간 말, 끝말에

서 표시한 단어들을 따로 노트에 적어 보세요. 핵심 단어를 정리하는 것이지요. 다음과 같습니다. 저는 밑줄로 표시해 볼게요.

1. 첫말

<u>안녕하세요</u>? 〈굿모닝FM〉 ○○○입니다

2. 중간

부산의 한 고등학교 앞에 설치된 '<u>위로 가로등</u>'이 화제입니다.

가로등 <u>불빛</u>과 함께 <u>위로의 문구</u>가 길바닥에 비춰지는 위로 가로등.

해가 지면 하나둘 불빛이 켜지면서 길바닥 위로 '<u>토닥토닥</u>', '<u>수고 많았어</u>'

같은 <u>따뜻한 문구</u>들이 비춰진다고 해요.

이곳을 지나가는 <u>학생들</u>과 <u>직장인</u>들에게 작은 위로가 되고 있습니다.

음~ 아무래도 <u>따뜻한 말</u>이 그리운 <u>연말</u>이라서 이런 말들이 더 위로가 되

는 거겠지요?

오늘 내 <u>주위 사람들</u>에게 <u>위로의 한마디</u> 꼭 한번 나눠 보세요.

3. 끝말

오늘의 <u>첫 곡</u>, 〈<u>걱정 말아요 그대</u>〉

셋째, 핵심 단어와 흐름을 정리한다

각 부분별로 단어를 우선 정리합니다. 이 과정에서 글자의 수가

확 줄어듭니다. 핵심 단어만 남아서 각 문장과 문단에서 무엇을 전하고자 하는지도 선명해집니다. 이제 문단마다 전하고자 하는 의도를 정리해서 함께 적어 봅니다.

1. 첫말

안녕 / 굿모닝FM, ○○○

→프로그램 소개

2. 중간 말

위로 가로등/ 불빛, 위로 문구, 길바닥

→위로 가로등 소개

'토닥토닥', '수고 많았어', 따뜻한 문구/ 학생들, 직장인들

→위로의 기능

따뜻한 말, 연말 / 주위 사람들, 위로 한마디

→위로해 보기

3. 끝말

첫 곡/ 걱정 말아요 그대

→곡 소개

각 문단마다 전하고자 하는 의도를 정리해 봤습니다. 어떤가요? 머릿속으로 전체적인 말의 지도가 펼쳐지나요? 어떻게 말을 이어 가야 할지 그려질 것입니다. 정리한 단어를 보고 녹음하며 연습해 보세요.

다음은 제가 정리한 부분을 보면서 연습한 것입니다. 참고로 처음에 봤던 원본 원고는 참고하지 않았습니다.

안녕하세요? 굿모닝FM, 이형숙입니다.

여러분, '위로 가로등'이라고 들어 보셨어요?

말 그대로 위로를 주는 가로등인데요.

저녁 무렵에 가로등의 불빛이 차악~ 비치면 길바닥에 위로를 하는 문구가 비춰진대요.

그러니까 이런 문구들이요. '토닥토닥', '오늘도 수고 많았어'.

캬… 그래서 퇴근길 집으로 가는 직장인 그리고 학생들에게 따뜻한 위로가 된다고 해요.

아~ 저도 한번 위로받고 싶네요. 아마도 저처럼 위로받고 싶은 사람들이 많아지는 연말이라서 더 인기겠지요?

여러분, 오늘 우리가 먼저 주변 사람들에게 위로의 한마디, 건네 보는 건 어떨까요? 모두 마음이 훈훈해질 겁니다.

오늘의 따뜻한 첫 곡 들려 드려요, 〈걱정 말아요 그대〉

자, 이제 원본 원고와 비교해 보세요. 조사와 서술어 등이 많이 바뀌었지요? 새롭게 보이는 문장도 있고요. 즉 글자 하나 틀리지 않고 모든 문장을 달달달 외우지 않아도 전달이 가능합니다. 그것도 아주 자연스럽게 전달됩니다. 핵심 단어를 보면서 자신의 평소 언어 습관으로 말을 이어 가기 때문입니다. 또 자연스레 나의 생각도 덧붙여져서 내용이 풍성해지지요.

저는 이 방법을 스스로 터득한 이후로 생방송이 즐거워졌어요. 아나운서를 준비하던 당시에는 아나운서 아카데미에서도 암기법을 배운 적이 없었고 방송 선배들에게 물어도 시원치 않은 답변뿐이라 늘 외우는 것이 스트레스였어요. 그래서 생방송 할 때마다 글자를 하나라도 틀릴까 봐 전전긍긍했습니다. 그런데 이 방법을 알고 나서 정말 '내가 하는 말'로 방송을 진행할 수 있게 돼 한결 편안해졌어요. 진짜 제 모습으로 방송하는 것 같았습니다. 이 방법은 꾸준히 연습할수록 더 자연스러워집니다. 꼭 방송 대본이 아니더라도 책에서 좋아하는 부분을 골라 외워 보는 연습을 매일 해 보시기를 바랍니다.

평소 언어 습관의 중요성

평소의 언어 습관은 자신의 말에 고스란히 드러납니다. 특히 원고를 달달 외우지 않고 핵심 단어를 보면서 스피치 연습을 하면 알게 될 것입니다. 만약 평소에 친구들과 비속어, 욕설을 즐겨 말한다면 자신도 모르게 평소의 언어가 발표에서 튀어나올 수 있습니다. 따라서 언어 습관을 순화하는 편이 좋습니다. 욕뿐만 아니라 생활 속 일본어의 사용도 줄이는 것이 바람직합니다. 일본어의 잔재는 우리의 아픈 역사이기도 하니까요.

예를 들어 "젓가락 좀 주세요"라고 해도 될 것을 굳이 "와라바시 주세요"라고 할 필요는 없습니다. 또한 "거짓말이야"를 "가라야"라고 하는 것도 삼가야겠지요. 욕이나 일본어 잔재를 쓰면 그 사람의 가치가 떨어져 보입니다.

무엇보다 욕은 스스로에게 좋은 영향을 미치지 않습니다. 화가 날 때 무심코 쓰는 욕들도 쓰면 쓸수록 기분을 망칩니다. 욕이 아닌 다른 건강한 방법으로 스트레스를 해소하시기를 권합니다.

표정이 말투에
미치는 영향

· 표정 ·

교육 현장에서 교사의 목소리는 학생들에게 얼마나 영향을 미칠까요? 학생들이 수업에 집중하게 되는 목소리가 따로 있을까요? '학생들이 집중하는 교사의 목소리가 따로 있다'는 말을 들으면 아마도 이런 의문을 갖는 분이 있을 것 같아요.

"학생들이 선호하는 목소리라는 것이 있나요? 목소리는 그냥 말하는 대로 나오는 것 아닌가요?"

〈교사의 목소리 매체에 대한 학생의 감정적 반응 및 선호하는 교사 목소리의 특질〉이라는 연구의 흥미로운 실험 결과가 있습니다. 서울 A 중학교의 교사 13명의 목소리를 녹음한 후 B 중고등학교의 학생 940명에게 들려 준 실험이 있었습니다. 이 두 집단은 서로가 누구인지 몰랐어요. 녹음본만 듣고 학생들은 설문지에 목소리에 대한 평가를 했습니다.

결과는 놀라웠습니다. 학생들은 목소리만 듣고 교사의 성별, 나이, 성격, 건강 상태, 심지어 수업 방식까지 유추했습니다. '이 교사의 수업이 재밌을 것 같다' 또는 '따분할 것 같다'는 식으로 예측한 것이지요.

설문 조사 결과 학생들이 가장 싫어하는 목소리가 있었습니다. 바로 감정 없는 목소리였습니다. 반면 학생들이 선호하는 교사 목소리의 특징은 다음과 같았습니다.

첫째, 발음이 분명하다.

둘째, 말의 높낮이가 적절히 변화한다.

셋째, 목소리가 깨끗하고 듣기에 편안하다.

넷째, 목소리가 밝고 크다.

이 연구 결과를 보고 고등학생 시절의 국어 선생님이 떠올랐습니다. 왜소한 외모와는 달리 발성과 표정 연기가 참 좋은 분이었어요. 책에 나오는 지문을 힘 있고 실감 나게 연기해 주기로 유명했지요. 학생들이 수업에 흠뻑 빠져들었고 단 한 명의 학생도 졸지 않았어요. 밋밋하게 말하는 선생님들의 수업을 듣다가 그 선생님의 수업을 들으면 교실의 공기마저 다르게 느껴졌습니다.

시간이 흘러 이제는 제가 대학의 강단에서 강의를 합니다. 학생들이 초롱초롱한 눈빛을 보내는 모습이 보입니다. 학생들은 특히 제 목소리에 집중하는데요. 제가 수업하는 시간은 오후 5시라 학생들이 이미 진이 빠져 있을 시간인데도 몰입도가 높습니다. 종강 이후 강의 평가를 봐도 '목소리가 좋다', '집중해서 배웠다'는 평가가 다수였어요.

물론 학생들을 집중시키기 위해서는 수업의 내용이 좋아야 합니다. 가르치는 사람의 목소리만 좋다고 해서 좋은 수업이라고 말할 수는 없지요. 하지만 자신의 분야를 열심히 공부하고 준비한 교육인이라면 수업의 내용은 대체로 좋을 것입니다. 만약 내용 구성의 측면에서 아쉽다면 논리력을 배워서 보완하면 되는 것이지요. 자신의 수업에서 어떤 점이 보완돼야 할지 판단하는 것이 우선이겠습니다.

상황에 맞는
다양한 표정 짓기

앞서 소개한 설문 조사에 따르면 학생들은 감정 없는 목소리를 가장 싫어한다고 했습니다. 그렇다면 어떻게 감정을 담을 수 있을까요?

　가장 좋은 방법은 내용에 따라 얼굴 표정을 자연스럽게 표현하는 것입니다. 하지만 무대에 서면 긴장을 해서 로봇처럼 딱딱하게 말하고 표정 짓게 되지요. 무표정보다 다양하게 변화하는 표정을 볼 때 집중이 훨씬 잘됩니다. 웃는 얼굴을 기본적인 표정으로 정해 보세요. 무표정보다 훨씬 좋습니다. 하지만 상황에 따라 계속 웃기만 한다면 오히려 이상해 보일 수 있습니다. 그래서 상황에 맞는 표정을 다양하게 연출하는 방법을 배우는 것이 중요합니다. 표정은 시각적인 언어니까요. 앞서 성우의 목소리 연기를 공부했을 때처럼 상황을 생각하면서 표정을 지어 보세요. 표정만으로 표현이 어려울 때는 손짓을 써도 좋습니다.

1. 내가 가장 좋아하는 음식이 눈앞에 있을 때(행복, 기쁨)

2. 사랑하는 사람에게 프러포즈를 받았을 때(놀람, 사랑)

3. 소개팅 자리에 이상형이 나왔을 때(설렘, 벅참)

4. 시험에 합격했을 때(환희, 감격)

5. 가기 싫은 곳에 초대를 받았을 때(근심, 불안)

6. 친구가 1시간 늦게 약속 장소에 도착했을 때(화남, 황당)

7. 중요한 문서가 지워져 복구가 안 될 때(허탈, 난감)

8. 지인의 갑작스러운 사고 소식을 들었을 때(슬픔, 상실)

시선을 사로잡는 사람은
눈빛으로 말한다

· 눈 맞춤 ·

"수험 번호 11번부터 15번까지 들어가겠습니다."

면접 진행 요원이 면접장의 문을 활짝 열며 말합니다. 이윽고 지원자들이 차례대로 면접장에 들어섭니다. 이때 면접관은 지원자를 한 명씩 훑어보면서 생각합니다.

'저 사람은 참 당당해 보여.'
'이 사람은 자신감이 없어 보여.'

지원자가 입을 열기도 전에 면접관은 이미지만으로 지원자에 대해 추측합니다. 걸음걸이, 앉는 자세, 손짓, 태도 등을 보면서요. 이처럼 눈에 보이는 요소들도 말처럼 정보를 주기 때문에 '시각 언어'라고 부릅니다.

저도 면접관으로서 면접을 진행한 적이 있습니다. 지원자로서 면접을 볼 때는 알지 못했던 것들이 보이더군요. 그 첫 번째가 걸음걸이였습니다. 문을 열고 들어오는 걸음걸이에서부터 그 사람의 마음이 엿보였습니다.

물론 시각 언어 하나로 사람을 완전히 파악할 수는 없습니다. 그래서 면접을 진행하며 이런저런 질문을 던지고 지원자의 답을 들어 봅니다. 참 재밌는 사실은 시각 언어에서 자신감이 느껴지는 사람이 대체로 말에서도 자신감이 느껴졌다는 것이었습니다. 합격하는 확률도 더 높았습니다.

합격률을 높이는 시각 언어

저는 대학교 강단에서 면접에 대한 강의를 진행하며 학생들에게 면접관의 시선을 알려 줬습니다. 모의 면접을 실시한 것이었는데요. 특별히 학생들이 면접관의 시선으로 자신을 바라볼 수 있도록 카메라를 설치해 학생들을 촬영했습니다. 학생들에게 그 영상을 보여 주니 많이 놀라더군요. 구부정한 걸음걸이, 흔들리는 시선, 긴장해서 떨리는 다리를 보게 된 것입니다. 영상에는 한 학생이 면접관의 질문에 말문이 막혔던 상황도 담겼습니다.

면접관: 우리 회사가 가진 홍보 전략의 강점과 약점, 개선점을 말씀해 보세요.
지원자: (손바닥으로 이마를 탁 치고 시선을 바닥으로 떨어뜨리며) 모르겠습니다….

이런 손짓과 시선 처리가 과연 면접에서 유리할까요? 누구나 말문이 막힐 수 있습니다. 하지만 다시 정신을 차리고 만회할 준비를 해야 합니다. 굳이 몸짓으로까지 자신이 당황했다는 사실을 보여 주며 점수를 깎을 필요는 없어요. 면접에서 사용하기 좋은 몸짓의 예시를 알려 드릴게요.

첫째, 당당한 걸음걸이
어깨를 활짝 펴고 허리를 곧게 세운 채로 걸어 보세요. 평소의 걸음걸이가 구부정하다면 익숙해질 때까지 이 걸음걸이를 꾸준히 연습해야 합니다.

둘째, 면접관과의 눈 맞춤
흔들리는 시선 또는 땅바닥을 향한 시선은 크게 도움되지 않습니다. 약간의 미소를 띠면서 눈을 초롱초롱하게 뜨고 면접관을 바라보세요. 잠깐 생각에 잠길 때는 고개를 아래로 약 45도 정도 기울이는 것은 괜찮아요. 이 방법들 외에도 전문가의 몸짓 전략이 많습니다.

귀에 확 꽂히는 말투로 성장했다면 그에 어울리는 몸짓과 눈빛, 표정으로 스피치를 해 보세요. 눈으로 보는 것 또한 언어입니다. 차렷 자세에 표정과 눈빛이 얼어붙은 채로 말하면 분명 듣는 사람도 함께 긴장될 것입니다. 반면 말의 내용과 어울리는 제스처로 말하면 한층 더 격이 있어 보입니다. 청자의 귀뿐만 아니라 눈도 사로잡는 것이지요. 함께 배워 보시죠.

등대같이 따뜻한 눈빛 보내기

재클린 케네디는 정계, 재계 등 여러 분야의 유명 인사들이 만나고 싶어 한 영부인입니다. 또한 가장 닮고 싶은 여성이라는 주제의 설문 조사에서 높은 순위에 올랐으며 '재키 스타일'로 한 시대를 풍미할 정도로 인기를 얻은 사람이지요. 재키의 이야기를 다룬 책《워너비 재키》에는 다음과 같이 그녀의 시각 언어 전략이 묘사돼 있습니다.

"등대 같은 표정으로 상대방의 눈을 똑바로 쳐다보고 눈부신 미소를 지으면서 이 세상에 다른 사람은 존재하지 않는 것처럼 행동했다."

여러분이 만약 이런 눈빛을 받는다면 어떨 것 같나요? 자신을 이렇게 따뜻하게 바라보며 세상에서 가장 중요한 사람이 된 것처럼 대하는 눈빛을 받는다면 누구라도 그 사람의 이야기에 귀를 기울일 것입니다. 〈우리 아이가 달라졌어요〉로 잘 알려진 정신건강의학과 전문의 오은영 씨의 눈빛이 참 따뜻하다고 생각했습니다. 여러분도 한번 배워 보시죠.

수많은 관객이 모인 무대에 서서 마이크를 잡는 상황입니다.

1. 따뜻한 눈 맞춤과 미소로 등장하기
무대에 등장하며 청중을 훑어봅니다. 어느 한 군데에 집중하기보다 관중석 위로 넓게 'Z'자를 그리면서 훑어 주듯 봅니다. 시선 처리가 깔끔해질 것입니다. 이때 유독 여러분에게 호감의 눈빛을 보내는 사람을 발견할 것입니다. 동시에 자세도 불량하고 표정이 좋지 않은 사람도 보일 것입니다. 부정적인 반응을 보이는 사람보다 긍정적인 반응을 보이는 사람을 생각하면서 활짝 웃으며 인사합니다.

2. 인사말을 건네고 이름 소개하기

안녕하세요? ○○○입니다.

인사를 할 때는 '꾸벅' 하며 몸으로 하는 인사보다 말로 하는 인사를 먼저 합니다. 청중이 스마트폰을 만지작거리거나 옆 사람과 잡담하는 등 무대에 집중을 못한 상태일 수 있기 때문입니다. 이럴 때 말인사를 먼저 하면 인사하는 소리가 들리기 때문에 자연스레 자신이 하던 일을 중단하고 무대에 집중하게 됩니다.

3. 상체를 숙여서 몸으로 인사하기

이어지는 몸 인사로 인사를 마무리하면 박수가 절로 나오지요. 시선이 여러분에게 집중된 상태니까요. 만약 몸 인사를 먼저 했다면 무대에 집중하지 못한 사람의 경우 박수 칠 타이밍을 놓치게 됩니다.

처음부터 박수를 크게 받고 시작하는 비결을 알려 드렸습니다. 무엇이든 시작이 중요하니까요. 이왕이면 박수를 크게 받고 스피치를 시작해 보시기를 바랍니다. 또한 몸 인사와 말인사의 순서가 바뀌어도 당황하지 마세요. '박수 주셔도 됩니다, 여러분!' 하면서 박수를 유도하는 말을 덧붙여도 됩니다.

4. 따뜻한 눈 맞춤과 미소 보내기

자신이 하나의 따뜻한 등대가 됐다고 생각하고 눈 맞춤을 이어 갑니다. 눈으로 반달 웃음을 짓고 입 꼬리를 양쪽으로 당겨서 말해 보세요. 그러면 목소리도 한결 기분 좋게 들릴 것입니다.

이제 눈 맞춤과 스피치를 함께 해 봅시다. 다음 원고는 전 미국 대통령 오바마의 퇴임 연설을 각색한 것입니다.

(따뜻한 눈 맞춤과 미소로 등장한다.)

(사람들을 여유롭게 훑는다. 2층과 3층도 바라본다.)

시카고 시민 여러분! 안녕하세요! (상체를 숙여서 인사하고 여유롭게 박수를 받는다.)

(가운데 바라보기) 고향에 돌아와 기쁩니다.

(왼쪽 바라보기) 여러분은 저를 더 나은 대통령으로,

(가운데 바라보기) 더 나은 사람으로 만들어 줬습니다.

(오른쪽 바라보기) 우리나라의 발전을 가져오는 것은 제 능력이 아니라

(가운데 바라보기) 바로 여러분 자신임을 믿길 바랍니다.

(인사하기) 감사합니다.

명품 하나 걸치지 않고
포스를 드러내는 법

· 제스처 ·

이런 사람 만나 본 적 있으세요? 외모는 일반적인 호감형이고 걸친 옷과 가방, 구두도 특별할 것 없는데 말할 때마다 포스가 뿜어져 나오는 사람. 우리는 이처럼 사람들의 첫인상을 두 번 인식합니다. 처음에 외모로 한 번, 입을 열고 난 후에 그 사람의 말로 한 번. 외모가 아무리 훌륭하고 명품으로 온몸을 휘감아도 말 한마디에 이미지가 확 깨는 사람도 있지요.

함부로 휘둘릴 것 같지 않은 멋지고 당당한 포스를 가진 사람. 저는 아나운서 백지연 씨를 실제로 봤을 때 강렬한 포스를 느꼈어요. 외모도 물론 아름답지만 말할 때 특히 포스가 확 느껴졌습니다. 여러분은 어떤 사람에게서 포스를 느꼈나요?

외모는 목소리와 함께 어우러질 때 더 빛이 납니다. 또한 목소리는 반전 매력을 뿜어내는 좋은 도구가 되기도 하지요. 저 또한 비슷한 경험이 있습니다. 예전에 한 사업가 모임에 갔을 때 자기소개를 하는 시간이 있었습니다. 외모가 동안인 편인 저는 나이가 어리다는 편견 때문에 사업가 모임에서는 그다지 주목받지 못했습니다. 목례로 가볍게 인사할 때까지만 해도 별 교류가 없었어요. 하지만 자기소개를 하며 입을 여는 순간 사람들의 눈길이 저에게 쏠렸습니다. 자기소개가 끝난 후 사람들이 명함을 내밀면서 잘 지내 보자고 다가올 정도였지요. 이처럼 목소리는 인간관계를 맺는 데 큰 무기가 됩니다.

목소리뿐만 아니라 보여지는 걸음걸이와 자세도 하나의 말이 될 수 있습니다. 언젠가 한 공공 기관장님에게 칭찬을 들은 적이 있습니다.

"이형숙 아나운서는 자세가 참 바르네요. 제가 아는 아나운서도 자세가 참 곧아서 좋아 보였어요. 혹시 아나운서들은 자세도 따로 배웁니까?"

맞습니다. 실제로 아나운서들은 바른 자세를 유지하기 위해서 자세 연습도 합니다. 이처럼 자세 또한 하나의 말이기 때문에 '시각 언어'라고 부릅니다. 구부정한 어깨보다 활짝 펼친 어깨에서 더 자신감이 느껴진다는 것이 시각 언어의 대표적인 예시지요. 그러므로 걸음걸이, 손짓 등 자세를 배워서 전달력을 더욱 높이는 것이 좋습니다.

상대가 나로부터 강력한 기운이나 인상을 느끼게 하는 포스. 포스는 이처럼 만들어지는 것입니다. 여러분도 훈련을 통해 자기만의 포스를 만들어 보는 것은 어떨까요? 포스는 만들기 나름이니까요.

생동감 있게 말하는 비결, 와이퍼 제스처

외국인과 소통이 잘 안 될 때 웬만한 몸짓으로도 말을 전할 수 있습니다. 이처럼 몸짓은 말을 전하는 보조 수단입니다. 방송인과 스타 강사처럼 말을 잘하고 인기 있는 사람들은 말을 할 때 적절하게 몸짓을 섞습니다. 경직돼 차렷 자세로 말하는 인기인은 드뭅니다. 단, 몸짓을 너무 많이, 자주 쓰면 자칫 수화처럼 보일 수 있습니다. 때문에 아나운서들의 적절한 몸짓 언어를 배워야 합니다.

자동차의 앞 유리를 닦는 와이퍼처럼 두 팔을 최대한 펼쳐서 자신의 왼쪽, 오른쪽을 닦아 봅시다. 딱 그만큼이 몸짓 언어를 표현하기 좋은 공간입니다. 그 공간보다 위로 제스처를 하면 산만해 보이고 아래로 하면 잘 안 보입니다. 특히 탁상 뒤에 서서 말할 때 아래로 손짓을 하면 탁상에 가려져 잘 보이지 않습니다.

손과 팔을 움직이는 상체 위주의 몸짓은 크고 적극적으로 보여서 생동감을 줄 수 있습니다. 전 미국 대통령 버락 오바마와 영부인 미셸 오바마도 제스처를 적극적이고 시원시원하게 하기로 유명하지요. 제스처를 쓸 때 손과 팔이 사람들에게 잘 보이는 곳에 머물게 하는 것이 중요합니다. 그리고 지나친 것은 안 하느니만 못하다고 했습니다. 제스처를 문장마다 쓰면 자칫 수화처럼 보일 수도 있습니다. 스마트폰으로 카메라를 켜 두고 자신의 모습을 영상으로 꼭 담아 보세요. 그래야 자신의 제스처가 과한지 아닌지 알 수 있습니다. 혹시 모를 안 좋은 습관이 새로 생기지는 않았는지 볼 수도 있고요. 예를 들면 긴장해서 다리를 떤다든지 눈을 자주 깜빡인다든지 하는 것이지요.

다음의 실습은 전하고자 하는 말을 효과적으로 전달할 수 있게 도와주는 제스처의 예시입니다. 앞서 배운 대로 손과 팔에 유념해 연습해 보세요.

1. **첫째**, 행복은 내 안에 있습니다. (손가락 하나를 올린다)

2. 저의 **진심**입니다. (손바닥을 가슴 위에 올린다)

3. 장점이 **많은** 친구예요. (두 손을 펼쳐서 크게 동그라미를 그린다)

4. 바로 **여기**, 이 작품입니다. (한 손으로 상품 방향을 가리킨다)

5. 소금을 <u>약간만</u> 넣어 주세요. (집게 손가락을 만든다)

6. <u>자연스러워</u> 보여요. (손을 펴서 몸 안에서 바깥쪽으로)

7. <u>한 단계 한 단계</u> 오를 때마다. (손을 계단처럼 한 칸씩 올리기)

8. <u>A</u>를 선택할지 또는 <u>B</u>를 선택할지. (왼쪽 손을 왼쪽으로, 오른쪽 손을 오른쪽으로)

9. 여러분, <u>힘내세요!</u> (주먹을 쥐고 하늘 위로 올리기)

10. 정말 <u>감사합니다.</u> (고개를 바닥으로 내리며 인사하기)

일주일간 대통령으로 살아 보기

　다음은 전 미국 대통령 오바마의 퇴임 연설입니다. 안내된 제스처를 따라 하며 함께 읽어 보세요.

<u>미셸!</u> (손으로 미셸이 있는 곳을 가리키며)

지난 25년간 당신은 내 아내이자 내 아이의 엄마일 뿐 아니라

나의 가장 <u>절친한</u> (심장 위에 손을 올리며) 친구였습니다.

당신은 <u>나를 자랑스럽게</u> (왼쪽 손을 안에서 밖으로) 만들었고

당신은 <u>나라를 자랑스럽게</u> (오른쪽 손을 안에서 밖으로) 만들었습니다.

소심함을 있는 그대로
받아들여라

· 자신감 ·

"저는 소심해서 사람들 앞에 나서는 일이 두렵습니다."

저희 스피치 교육원 수강생의 고백입니다. 직장에서 회의를 주도해야 하거나 때때로 마이크를 잡아야 하는 상황이 부담스럽대요. 자신이 타고난 소심한 성격을 탓하기도 했어요.

비슷한 고민을 하는 분들께 저는 다음의 세 가지를 질문하고 싶습니다.

첫째, 소심하게 타고난 사람은 평생 소심하게 사나요?

달리 말하면 100퍼센트 소심한 사람과 100퍼센트 대범한 사람이 있을 수 있나요? 그리고 소심함과 대범함의 절대적인 기준은 무엇인가요? 모두 상대적인 기준 아닌가요? 저는 누구에게나 소심한 구석이 있다고 생각합니다. 대범한 사람도 소심해지는 순간이 있으니까요. 마찬가지로 대범한 구석도 누구에게나 있다고 생각합니다. 따라서 소심하게 태어났다고 하더라도 대범함을 발휘할 수 있습니다. '소심하다'는 틀에 스스로를 가둬 놓을 필요는 없지요.

둘째, 자신의 소심함을 있는 그대로 수용해 봤나요?

소심한 부분이 있다면 그것을 애써 부정할 필요는 없습니다. 소심함은 잘못이 아니기 때문입니다. 있는 그대로 현재의 자신을 받아들이세요. '아, 내가 생각해도 이 부분은 소심하게 말했네. 참 아쉬웠어. 다음부터는 내가 할 수 있는 만큼 조금이라도 대범하게 해 보자'라고 다짐하면 그만입니다. 오히려 부정하고 회피할수록 소심함은 점점 커져 갑니다.

셋째, 실수한 뒤에는 성장한다는 사실을 알고 있나요?

열 명 앞에서 강의를 하던 강사가 어느 날 100명 앞에서 강의를 했다고 해요. 마음이 쪼그라들어서 평소보다 목소리도 작게 나왔다고 합니다. '강의를 잘할 수 있을까?', '이 사람들을 만족시킬 수 있을까?', '내 강의를 좋아할까?' 등 자신에 대한 온갖 평가와 걱정이 마음에 먹구름처럼 드리워졌다고 합니다. 이처럼 평소에 자신감 있게 발표하던 사람도 상황에 따라 목소리가 작아질 수 있습니다. 소심해지는 날도 있고요.

발표할 때 소심해지는 분들의 특징은 실수에 취약하다는 점입니다. 실수를 하면 질병에 걸린 것처럼 반응하고는 하지요. 소심한 자세로 발표했다면 그것을 경험으로 삼으세요. 경험을 거름 삼아 말하기 자신감으로 꽃피우는 것입니다.

'소심하다'는 말을 다르게 표현하면 '조심성이 있다'가 아닐까요? 장점은 받아들이고 보완할 점은 하나씩 보완해 나가다 보면 어느새 만족스러운 발표도 할 수 있습니다. 제가 그랬듯이요.

불편함을 편안함으로 바꾸는 긍정 확언

"말이 씨가 된다"는 속담 들어 보셨지요? 별생각 없이 입버릇처럼 했던 말이 실제로 일어났을 때 쓰는 말입니다. 부정적인 말을 하면 말이 하나의 씨앗이 돼서 마음속에 자라나 현실에 일어날 확률이 높아집니다. 반대로 말하면 나와 세상에 대해 긍정적인 말을 되뇌면 긍정적인 일이 일어날 확률이 높아집니다. 긍정적인 말은 무엇보다 말하는 사람의 마음을 더욱 건강하게 만드니까요. 여러분은 주로 어떤 말을 쓰나요?

인생의 여러 고난에도 긍정의 말을 씨앗으로 심어 희망을 꽃피운 사람이 있습니다. 그녀의 이름은 루이스 헤이입니다. 그녀의 부모는 그녀가 생후 18개월 때 이혼했습니다. 그녀는 새아버지로부터 가정 폭력을, 이웃집 노인으로부터 성폭행을 당했습니다. 어린 시절에는 경제 대공황으로 가정 형편이 어려워져서 고된 노동을 했고 15살에는 견디다 못해 집을 나와 식당에서 종업원으로 일했습니다. 이후에도 수많은 어려움을 겪었지요.

그녀가 이런 어려움을 거름 삼아 희망을 꽃피울 수 있었던 비결은 '확언'입니다. 확언은 긍정적인 생각을 말로 선언하는 것입니다. 선언하면서 자신의 마음에 꾸준히 긍정을 심는 것이지요. 그녀는 확언을 통해 인생에 긍정적인 변화를 일으키며 기적을 불렀습니다. 이에 대해 저술한 《치유》는 〈뉴욕타임스〉의 베스트셀러가 됐고 35개국에서 5,000만 부 넘게 팔렸습니다.

확언하는 방법은 쉽습니다. 하루 5분씩 거울을 보고 자신에게 긍정의 말을 하는 것이지요. 그러면 자신을 더욱 사랑하게 되고 사랑으로 인해 인생이 달라집니다. 저 또한 이 방법을 써 봤습니다. 긍정적인 문구를 포스트잇에 적어 거울에 붙였습니다. 아침에 세수할 때마다 그 문구를 소리 내 읽으며 제게 들려줬지요.

"오늘도 감사한 하루가 시작됐다."

"나는 소중하다."

"나는 나를 믿는다."

그렇게 몇 달을 하고 나니 정말 일상을 살아가는 마음의 자세가 더욱 긍정적으로 변화했습니다. 마음에 근육이 붙기 시작했습니다.

리플러스 인간연구소의 소장 박재연 씨의 강연 영상을 본 적이 있습니다. 뭘 해도 행복한 사람과 뭘 해도 불만인 사람에게는 특유의 말버릇이 있다는 내용의 강연이었습니다. 박재연 씨의 말에 따르면 행복한 사람들은 이런 말을 자주 한다고 합니다.

"방법이 있을 거야."
"지금은 힘든 시기지만 긍정적인 의미가 있을 거야."
"지금은 힘들어도 이것만 끝나면!"
"이만하길 다행이다."

행복한 사람들은 자신의 불편한 감정을 편안한 감정으로 바꾸며 감정 조절을 잘합니다. 긍정적인 사고 훈련을 잘하는 것입니다. 이 책은 전달력 있는 말투로 외부와 소통을 잘하게끔 하는 것에 기본 목표가 있습니다. 그리고 자기 자신과 원활히 소통하며 자신에게 긍정적인 영향을 미치는 것이 심화 목표입니다. 이 세상에서 가장 중요한 것은 나 자신이니까요.

과거의 기억을
바로잡아라

· 발표 떨림 ·

학창 시절에 이런 친구 보셨을 거예요. 친구들 앞에서 발표하는 시간인데 입도 뻥끗 못하고 눈물만 뚝뚝 흘리는 친구, 앞도 잘 못 쳐다봐서 바닥만 뚫어져라 보는 친구, '이상하다… 평소에는 쾌활하고 말도 잘하는데 왜 저래?' 싶을 정도로 발표만 시키면 힘들어하는 친구.

바로 저였습니다. 저는 어린 시절에 무대 공포증을 겪었고 그 이후로 발표가 무척 두려웠어요. 혹여나 선생님이 발표를 시킬까 봐 '제발 걸리지 마라, 걸리지 마라!' 하면서 콩닥콩닥 뛰는 심장을 부여잡았습니다.

그리고 현재는 말이 술술 나오는 '말술사'로 활동하는 12년 차 아나운서입니다. 저는 어떻게 무대 공포증을 뛰어넘었을까요?

무대 공포증과 이별하는 법

제가 무대 공포증, 발표 떨림을 극복할 수 있었던 세 가지 방법을 소개하겠습니다.

첫째, 최초로 무대 공포증이 생겼던 사건을 떠올린다

보통 발표를 망치면 '이불 킥' 한다고 하지요? 밤에 자려고 침대에 누워도 발표를 망쳤던 것이 계속 머릿속에 둥둥 떠오릅니다. 그래서 이불을 발로 차면서 시쳇말로 쪽팔려합니다. 부끄러움, 민망함, 두려움 등의 감정이 생기다 보니 사건을 머리에서 빨리 지우려고 하지요. 그런데 발표를 망쳤던 기억을 지워 버리면 오히려 손해입니다. 그 사건에 해결의 열쇠가 있기 때문이에요.

자, 그럼 저부터 무대 공포증이 생긴 사건을 떠올려 볼게요. 교실 앞에 나와서 발표를 하는 보통날이었어요. 그때 발표의 주제는 '자신의 생각을 말해 보라'는 것이었습니다.

당시 저는 초등학교 3학년이었어요. 정답을 말하지 않으면 선생님께 혼날 것 같아서 걱정이 됐어요. 지금이면 생각에 정답이 없다는 것을 아니까 그냥 무엇이든 말했을 텐데요. 당시에는 학교 교육도 선생님도 정답을 요구하는 분위기여서 더 압박을 받았습니다.

그렇게 한마디도 못하고 눈물만 뚝뚝 흘리고 있을 때 선생님께서 "어휴… 울기는 왜 울어!" 하면서 버럭 큰소리를 냈어요. 그때 저는 놀라서 더 울었습니다. 아마도 옛날이라 선생님도 발표 불안이 있는 학생을 어떻게 대해야 하는지 방법을 몰랐겠지요? 그렇게 믿고 싶네요. 쓸쓸하지만 이렇게 그 사건을 떠올리고 마주하는 것이 중요합니다. 1분이라도 좋으니 지금 메모장에다 간단하게 그 당시의 상황을 써 보세요.

둘째, 내가 왜 무대 공포증이 생겼는지 원인을 찾아본다

섣불리 '무대 공포증에 이것이 좋다더라' 하는 해결책부터 따라 하는 것은 도움이 되지 않을 수 있습니다. 사람마다 원인이 다르기 때문입니다. 마치 허리가 아픈데 어떤 사람은 침을 맞아서 나았다고 하고 어떤 사람은 걷는 방법을 바꾸고 나았다고 하는 것과 같습니다. 물론 다 의미 있는 방법인데요. 그보다 중요한 것은 내 허리가 아픈 원인을 찾는 것이지요. 그래야 거기에 맞는 해결책이 나오니까요.

제 경우를 한번 볼게요. 저는 당시에 이런 생각을 했어요. '발표에 정답이 있다', '생각에 정답이 있다', '정답을 말하지 못하면 선생님께 혼난다', '정답을 말하지 못하면 친구들에게 놀림받는다'.

그리고 성인이 된 지금 그 생각들을 다시 한 번 점검해 볼게요. 발표에 정답이 있나요, 없나요? 없습니다. 물론 발표를 논리적으로 조리 있게 하는 방법, 설득력을 높이는 방법, 전달력 좋은 말투로 귀에 확 꽂히게 말하는 방법은 있어요. 그리고 그것을 배우면 유리한 것이 사실입니다. 하지만 그렇다고 해서 그것들이 정답이라고 할 수는 없습니다. 마찬가지로 생각에도 정답이 없지요. 사람의 생김새만큼이나 다양하게 말할 수 있는 것이 생각이지요.

그리고 선생님에게 혼나거나 친구들에게 놀림받는 것은 자신이 컨트롤할 수 있는 영역이 아닙니다. 사람들의 반응은 제각각이니까요. 그리고 실수를 했다고 안 좋은 반응을 보이는 사람에게는 '실수를 해야 실력이 늘어'라고 말해 주면 그만입니다. 이렇게 자신의 무대 공포증을 떠올리고 생각을 바로잡는 것이 중요합니다.

셋째, 나에게 맞는 해결책을 꾸준하게 적용한다

발표를 피하는 것이 습관이 된 사람, 사람들과 눈 맞춤을 하면서 여유 있게 말하는 습관이 돼 있지 않은 사람이 하루아침에 갑자기 바뀌는 것은 가능하지 않습니다. 무엇이든 꾸준히 연습해서 자신의 것으로 만드는 것이 중요합니다.

저는 어린 시절 무대 공포증 사건 이후로 적어도 발표의 기회가 왔을 때 빼지는 않았어요. 피하면 피할수록 공포심만 더 커지기 때문이지요. 적극적으로 나서지는 않더라도 시키면 그냥 하자고 생각했어요. 중학생 때 학교 노래 자랑에 나간다는 학생이 갑자기 안 나와서 대타로 나가야 했을 때도 그냥 나가서 부르고 왔습니다. 상도 하나 못 받았지만요. 고등학생 때 방송부에서 마이크 앞에 서서 원고를 읽을 때 심장이 너무 떨렸지만 그냥 했습니다. 그렇게 하나둘 경험이 쌓이면 처음보다 더 잘하게 됩니다.

그런데 보통 우리는 자신이 가진 발표 실력의 100퍼센트보다 120퍼센트를 발휘하기를 원하지요. 자신의 실제 실력보다 더 잘하고 싶은 것입니다. 그런데 발표에서는 70퍼센트 정도만 해도 잘한 것입니다. 이렇게 기준을 현실적으로 잡아야 무엇이든 더 할 수 있다는 마음이 먹어집니다. 발표의 기준을 현실적으로 맞추는 것이 오히려 발표 실력을 확 높이는 지름길이라는 것을 기억해 주세요. 그러면 어느 날은 정말 120퍼센트의 실력을 발휘하게 될 겁니다. 매일 10분이라도 꾸준하게 발표 연습을 하는 것입니다. 말술사와 함께 말이지요.

있는 그대로의 실력을
드러내는 방법

· 나다움 ·

"선생님, 저는 청심환을 먹었는데도 너무 떨리더라고요."

"너무 떨어서 저도 모르게 헛소리하고 왔어요."

면접에서는 차마 웃지 못할 상황이 자주 펼쳐집니다. 목소리가
떨렸다는 이야기부터 무의식적으로 쌍욕을 했다는 이야기까지.
과장이 아니라 실제 지원자들이 겪는 일들이에요. 저도 무대 공
포증으로 인해 개미 목소리를 냈던 시절이 있었기에 누구보다 이
상황을 이해합니다.

앞서 말했듯 이 문제를 극복하려면 원인을 알아야 합니다. 목
소리를 떨거나 헛소리를 하는 등 표면적인 문제는 제각기 달라도

그 원인은 같기 때문입니다. 바로 지나친 긴장입니다.

간절한 마음이
긴장을 부른다

참고로 긴장 자체가 나쁜 것은 아닙니다. 적절한 긴장은 좋은 성과를 낼 수 있도록 도와주기 때문입니다. 예를 들면 아나운서들은 녹화 방송을 진행할 때보다 생방송에서 더 실력을 드러내기도 합니다. 생방송이라는 점 때문에 정신이 더욱 또렷해져 집중하게 되기 때문이지요. 그렇다면 왜 '지나치게' 긴장하게 되는 것일까요? 특히 면접에서 말이지요. 너무도 간절하기 때문입니다. 달리 말해 너무 잘하고 싶기 때문입니다. 이 회사에서, 이 직업으로 살아가고 싶은 마음이 지나치게 커진 것이지요.

무엇이든 지나치면 해롭다는 말이 있지요? 저 역시 아나운서 지망생 때 면접의 경쟁률이 너무 높아 면접을 볼 때마다 늘 가시 방석이었습니다. 불합격에 대한 공포가 갈수록 커졌어요.

'면접에서 또 떨어지면 어떻게 하지? 부모님 얼굴을 어떻게 봐야 할까? 또 준비할 자신이 없어….'

이렇게 준비해서는 죽도 밥도 안 되겠더라고요. 스스로 약속했던 면접 준비 기한이 1년이 다 돼 가던 어느 날, 저는 마지막 면접을 보기 직전에 스스로에게 다음과 같이 물어봤습니다.

"지금까지 내가 할 수 있는 최선을 다해서 면접을 준비했어. 면접에 합격하지 못했을 때도 개선할 점을 찾아서 보완했어. 머리털 나고 이렇게까지 열심히 준비한 게 없을 정도야. 객관적으로 이 직업을 수행할 수 있는 능력도 갖췄어. 그렇다면 이런 나를 뽑지 않는 것은 방송국의 손해 아닌가? 이것이 정말 나의 손해인가?

아니다. 하나의 문이 닫히면 또 다른 문이 열린다고 했어. 방송이 정말 내 길이 아니라면 이 능력을 펼칠 수 있는 또 다른 길이 있을 거야. 그러니까 이번 면접은 나답게 보고 오자. 후회를 남기지 말자."

진실로 이런 생각이 들었습니다. 두근두근 뛰던 심장이 어느새 속도가 느려지고 평소의 상태로 돌아왔습니다. 그리고 적극적이고 자기다운 모습으로 마지막 면접을 봤습니다. 며칠 뒤 합격 소식을 들었고요. 이후에 회식 자리에서 국장님에게 저를 뽑은 이유에 대해 물어봤습니다. "당찬 모습이 보기 좋았어"라는 말이 돌아왔어요. 정말 자기다운 모습으로 면접을 본 것이지요. 이처럼 자기다운 모습으로 실력을 제대로 발휘할 수 있는 세 가지 비결에 대해 알려 드리겠습니다.

후회 없이 실력을
발휘하는 세 가지 방법

첫째, 자신이 할 수 있는 것을 다한다

미리 외웠던 내용이 면접에서 잘 기억나지 않는다면 연습이 충분치 않았다는 말입니다. 열 번 외워서 말이 잘 나오지 않는다면 20번 외워 보는 것입니다.

또한 면접을 준비할 때는 거울 앞에서 대충 말하지 말고 스마트폰으로 자신의 모습을 촬영해 보세요. 면접장에 입고 갈 옷부터 구두까지 모두 갖춰 입은 후에 면접장에 온 것처럼 의자에 앉아 말해 보는 것입니다. 연습이 쌓이고 쌓이면 자동적으로 면접 멘트가 툭 튀어나오게 돼 있습니다.

둘째, 몸과 마음을 안정시킨다

몸과 마음은 연결돼 있습니다. 때문에 몸의 긴장만 떨어뜨리면 마음의 긴장도 눈 녹듯 사라지지요. 너무 긴장이 된다면 먼저 복식 호흡을 다섯 번 길게 해 보세요. 숨을 깊게 마시고 깊게 뱉으면 심장에 산소가 공급돼 두근거리는 속도가 늦춰집니다. 심장 뛰는 속도가 평상시와 같아지면 긴장감이 완화됩니다.

이때 머릿속으로 마인드 훈련을 해도 좋아요. 숨을 마실 때 긍정적인 기운이 함께 들어온다고 상상해 보세요. 숨을 뱉을 때는 부정적인 기운이 빠져나가는 이미지를 그려 봅니다. '개구리 뒷다리'를 말하면서 웃음을 지어 보는 것도 좋은 방법입니다. 웃으면 더욱 여유가 생기는 법이지요. 앞서 소개한 동작들은 제가 만든 '목소리 요가'에 들어 있으니 참고하세요.

그리고 원더우먼 자세도 추천합니다. 하버드 경영대학원의 교수 에이미 커디가 TED 강연에서 알려 준 방법입니다. 골반에 양손을 올리고 어깨를 활짝 편 다음 고개를 당당히 들고 서 있는 자세입니다. 마치 원더우먼처럼 말이죠. 직접 해 보니 시간이 흐를수록 기운이 충전되는 것 같았어요. 이때 눈을 감고 자신감 있게 면접을 보는 자신의 모습을 상상하며 긍정 회로를 돌려 보는 것도 추천합니다.

셋째, 어떠한 경험도 이득이라는 사실을 기억한다

면접에서 떨어지면 실패라고 생각했던 적이 있습니다. 그렇게 생각하니 면접이 꼴도 보기 싫어지더군요. 하지만 면접 경험들은 정말 제게 이득이었습니다. 면접이 거듭될수록 면접 상황에 익숙해졌기 때문입니다. 마음도 갈수록 편해졌어요. 우리가 면접장을 두려워하는 이유는 면접 상황에 대해 잘 알지 못하기 때문입니다. 어떻게 입장해야 하는지, 어떤 타이밍에 말해야 하는지, 무슨 말을 해야 더 설득력이 있을지 등을 하나씩 알아 가면 촛불을 비추듯 두려운 마음을 환하게 밝힐 수 있지요.

명문 대학교에 합격한 학생들은 오답 노트를 잘 쓴다는 사실을 알고 있나요? 틀린 문제는 또 틀릴 가능성이 높기 때문에 면밀히 공부한다는 점이 핵심입니다. 면접도 마찬가지입니다. 면접 오답 노트를 통해서 자신의 약점을 보완하면 됩니다. 면접도 한 걸음 한 걸음 나아가야 하는 일입니다. 목소리의 떨림도 마음의 떨림도 받아들이는 것이 첫걸음입니다.

변화된 모습이
자신감을 키운다

· 성장 일지 ·

이 기록은 6단계 말하기 기술을 훈련한 이후에 해 보시기를 권합니다. 앞서 '시작하기 전에'에서 목소리를 모니터링하기 위해 사용한 원고와 비슷하게 구성했습니다. 말투의 변화를 보기 위해서입니다. 지금부터 목소리, 발음, 속도, 억양, 강조, 자세를 모두 체크하며 원고 읽기를 진행해 주세요. 특히 '자유롭게 말하며 녹음하기'에서는 최대한 배운 기술들을 적용하면서 자유롭게 말씀해 보세요.

원고를 읽으며 녹음하기

다음의 원고를 읽으며 목소리를 녹음해 보세요.

사람 말을 하는 코끼리가 있다면 믿으시겠습니까? 경기도 용인의 동물원에는 말하는 코끼리 '코식이'가 있습니다. 지난달 "좋아", "안돼", "앉아" 등 사람 말을 한 것으로 밝혀졌습니다. 코식이는 혀 대신 긴 코를 조음 기관으로 사용하는데, 입 안에서 코를 흔들고 공기를 조절해 사람의 말소리를 흉내 낸 것으로 나타났습니다. 코식이의 발성을 연구한 논문이 세계적인 학술지 〈커런트 바이올로지〉 온라인 사이트에 게재됐습니다.

자유롭게 말하며 녹음하기

'전달력 있는 말투'를 주제로 1분 동안 자유롭게 말하며 녹음해 보세요.

안녕하세요? OOO입니다.

수업을 들은 후 '말투' 또는 '말하기' 하면 떠오르는 저의 생각은 ＿＿＿입니다.

이 수업을 통해 앞으로 ＿＿＿을(를) 보완하기 위해 더 연습하겠습니다.

가장 많이 고민하는
말투 문제 20가지

제 목소리가
좋은가요,
나쁜가요?

누군가의 목소리를 '좋다', '안 좋다'로 나누는 판단의 기준은 사람마다 다릅니다.

그러한 개인적인 취향은 존중하고요. 여기서는 대중적인 기준으로 말씀드립니다. 사람들의 인기를 끄는 목소리, '전달력이 좋은 목소리'의 특징을 참고해 보세요.

아나운서 이금희, 배우 김상중과 이선균은 목소리가 좋기로 소문난 분들입니다. 그래서 다큐멘터리의 내레이션이나 방송 진행, CF 분야에서 활약하는 것이지요. 이분들처럼 전달력 좋은 목소리를 가진 사람을 한번 떠올려 보세요. 그들의 음성에는 어떤 특징이 있나요?

다음과 같은 특징을 찾을 수 있을 것입니다.

첫째, 울림 있는 목소리

울림 있는 목소리란 너무 작거나 시끄럽지 않아 듣기 좋은 크기의 목소리를 말합니다. 발성이 좋은 알찬 목소리지요.

둘째, 정확한 발음

발음이 정확하다는 것은 들리는 대로 받아쓰기를 할 수 있는 정도를 말해요. 발음이 부정확하다면 받아쓸 수 없겠지요.

셋째, 매력적인 음색

자신만의 매력적인 음색을 갖고 있습니다. 사람마다 높은 톤 혹은 낮은 톤의 타고난 음색이 있고 그 매력이 다릅니다.

넷째, 상황에 알맞은 속도

말의 속도가 듣기에 좋습니다. 중요한 자리나 긴장되는 상황에서도 여유로운 속도로 말합니다.

다섯째, 핵심 단어를 강조하는 생동감 있는 말투

끝으로 핵심 내용을 강조할 수 있어야 합니다. 건조하게 책 읽듯이 말하기보다는 중요한 내용에서 생동감 있게 말할 줄 압니다.

제 목소리를 녹음해서 들으면
다른 사람 목소리
같아서 어색해요

녹음된 목소리가 다른 사람들에게 들리는 나의 목소리입니다.

저도 제 목소리를 처음 녹음해서 들었을 때를 잊을 수가 없습니다. '내 목소리가 이렇게 들린다고?' 하는 생각과 동시에 손발이 오그라들더군요. 말할 때 들리는 제 목소리와 분명 다르게 들렸습니다. 왜일까요?

여기에는 과학적인 이유가 있습니다. 지금 자신의 목에 손을 가져다 대 보세요. 손끝으로 목 앞부분을 쓸어 보면 톡 튀어나온 부분이 만져질 것입니다. 그곳이 바로 성대입니다. 목소리는 성대의 울림을 통해 입 밖으로 나가면서 말이 됩니다. 즉 말할 때 성대의 울림이 공기의 진동을 타고 입 밖으로 나가 상대방의 귀로 흘러 들어갑니다. 이 진동이 상대방의 귓속으로 들어가 고막을 울리고 그렇게 상대방이 나의 목소리를 듣게 되지요. 그러나 자신이 내는 목소리를 자신의 귀로 들을 때는 다릅니다. 성대의 진동이 바깥은 물론이고 몸 안으로도 전해지기 때문입니다. 진동이 자신의 고막으로 들어가면서 나의 목소리가 들리는 것이지요. 즉 소리가 전해지는 통로가 다릅니다. 전달 방식의 차이랄까요?

자, 과학적인 설명은 이쯤 해 두고요. 그래서 이 어색한 목소리를 어쩌면 좋을까요? 녹음된 목소리가 결국 상대방에게 들리는 내 목소리이기 때문에 스피치 연습을 할 때 녹음된 목소리를 모니터링하는 것이 중요합니다. 객관적인 내 목소리를 알 수 있기 때문입니다. 모니터링하면서 연습하는 습관을 들여 보세요.

연습은 쉽습니다. 무엇이든 가급적 매일 소리 내서 읽으면 됩니다. 이후에 녹음된 소리를 듣고 장점과 보완할 점을 적어 보세요. 그러면 어느새 녹음된 목소리에 익숙해집니다. 녹음된 소리가 어색하다는 것은 그만큼 스피치 연습을 적게 했다는 뜻이기도 합니다. 전달력이 좋은 아나운서들도 매일 아침 신문 기사를 소리 내 연습합니다. 전문가도 이처럼 훈련을 거쳐서 목소리를 완성합니다.

자신의 목소리를 사랑하는 첫걸음은 녹음된 목소리를 '듣는' 것입니다.

목소리를 진짜
바꿀 수
있나요?

훈련을 거치면 전달력 좋은 목소리로 성장할 수 있습니다.

수많은 수강생과 제가 그 증거입니다. 저는 대학 시절에 할머니께 꾸지람을 들은 적이 있습니다. "안녕하세요?"라고 인사할 때 목소리가 개미처럼 작고 말끝을 흐린다고요. 성인이 돼서도 그러는 손녀가 안타까워 보였나 봅니다. 그랬던 저는 스피치 훈련을 통해 성장했고 아나운서라는 꿈을 이뤘습니다.

놀라운 사실은 이미 제 안에는 전달력 좋은 목소리를 만들 수 있는 재료가 있었다는 것입니다. 그동안 재료 쓰는 방법을 몰라서 목소리를 그렇게 냈던 것이지요. 즉 목소리 훈련이라는 것은 자기 안에 있던 자신감을 찾고 성장하는 과정입니다. 결과적으로 목소리가 바뀌었을지라도 사실은 자신의 진정한 목소리를 '되찾은' 것이라고 생각합니다.

이를 몰랐을 때는 무작정 목소리가 좋은 유명인을 흉내 내기도 했습니다. 아나운서 김주하 씨의 인기가 많았을 당시에는 음색을 제가 타고난 것보다 훨씬 저음으로 눌러서 따라 하기도 했고 여배우의 목소리가 아름답게 들릴 때는 고음을 흉내 내기도 했습니다. 하지만 어느 것 하나 내 것 같지는 않았습니다. 남의 목소리를 흉내 내는 것은 남의 옷을 입는 것처럼 어색했지요. 지금 저는 '외유내강 목소리'라는 말을 듣습니다. 자기다운 목소리를 내는 것이지요.

하루는 친척이 제가 '그냥 대화를 할 때도 발성한다'며 신기해하더군요. 어린 시절부터 저를 봤기 때문에 친척은 더욱더 제 성장에 대해 놀라워했습니다. 이처럼 목소리는 습관이 되도록 연습하면 몸에 뱁니다. 발표 상황뿐만 아니라 일상의 대화에서도 의식하지 않아도 좋은 목소리가 나옵니다.

만약 제가 목소리 자신감을 발견하지 못했다면 어떻게 됐을까요? 후회했을 것 같습니다. 여전히 대인 관계에서 소극적인 자세로 살았을 테니까요. 목소리는 인간관계에서 소통을 가능하게 하는 하나의 다리입니다. 이 다리가 튼튼해지면 건강한 관계를 이어 가는 데 큰 도움이 됩니다.

목소리를 바꾸려면
어느 정도의 시간이
필요한가요?

　각자의 목소리 상태와 연습량에 따라 다르며 평균적으로 3개월이 지나면서부터 변화가 시작돼요.

　스피치 연습은 운전과 비슷해요. 운전은 보통 이론을 배우고 실기를 연습한 뒤 도로 주행을 하지요. 이 과정에서 사람마다 체득하는 시간이 다릅니다. 대부분의 경우 하루 1시간씩 연습한다고 했을 때 3개월부터 변화가 시작됐습니다.

　전달력 있는 목소리로 성장하기 위해서는 발성, 발음, 속도, 억양, 강조 등의 요소를 훈련해야 합니다. 개선해야 할 훈련 요소가 사람에 따라 많을 수도 적을 수도 있습니다. 또한 충분한 연습 시간이 있어야 성장이 가능하지요. 하루 5분 연습해 놓고 왜 빨리 성장하지 않느냐고 하는 것은 말이 안 됩니다. 계속 연습하지 않다가 어쩌다 한번 1시간 연습한다고 해도 마찬가지입니다.

변화를 부르는 절대적인 기준은 없습니다. 중요한 것은 변화가 시작되기까지 매일 연습하는 것입니다. 매일 조금이라도 꾸준히 연습을 이어 가는 것이 관건입니다. 매일 못 할까 봐 걱정이 되나요? 제가 운영하는 스피치 교육원 '말이술술'에서는 작심삼일을 '작심백일'로 만드는 '연습 수준표' 등의 심리 기법을 비롯한 효과 좋은 방법으로 연습을 돕고 있습니다. 혼자 해내기 어렵다면 스피치 전문가의 도움을 받는 것도 좋습니다.

만일 빠르게 성장해야 하는 이유가 있다면 제 경우를 참고하세요. 저는 두 달이 걸렸습니다. 당시 저는 아나운서 지망생이었고 단기간에 성과를 내지 못하면 꿈을 접어야 했습니다. 그래서 연습량을 폭발적으로 늘리는 방법을 선택했습니다. 지금 여러분이 이 책에서 배운 스킬들보다 해야 할 것이 훨씬 많았어요. 밥 먹고 씻고 잠 자는 시간을 제외하고 모든 시간 연습에 몰두했습니다. 친구는 물론 가족에게도 두 달간 간단한 안부 문자만 보내기로 양해를 구하고 계속 몰입하는 시간을 즐겼습니다.

말을 직업으로 삼는 경우가 아니라면 이 방법을 추천하지 않습니다. 자신의 일을 하는 상황이라면 매일 최소 1시간씩 3개월만 해도 전달력 있는 목소리로 변화할 수 있어요. 일상생활에서 자투리 시간을 내는 정도로 1년간 훈련을 지속하면 더 좋고요.

목소리가 개미처럼
작아서 다들 저를
만만하게 봐요

울림 있는 목소리를 낼 수 있도록 1단계에서 똥배 복식 호흡법과 과녁 발성법을 배워 보세요.

멋지게 성장한 수강생 한 분이 떠오릅니다. 성인 남성이지만 몸집이 왜소했고 목소리도 작았습니다. 전체적으로 힘이 없어 보이는 이미지였어요. 하루는 이분이 업무를 보다가 고객과 말다툼을 벌였습니다. 아무런 잘못을 하지 않았는데도 갑자기 고객에게 멱살이 잡혔다고 합니다. 고객이 이분을 만만하게 본 것이지요.

그런데 자신과 비슷한 몸집의 동료가 귀에 확 꽂히는 목소리로 고객에게 설명을 하니까 고객이 수긍하더라는 것입니다. 멱살도 잡히지 않았고요. 그때 이분은 전달력 있는 목소리를 배워야겠다고 결심했어요. 이후 성실하게 훈련에 임했고 발성법을 체득할 수 있었지요.

물론 애초에 목소리 크기와 상관없이 여러분의 말을 경청해 주는 사람이 많다면 좋겠지요. 하지만 현실에는 그렇지 않은 사람이 있습니다. 인성이 좋지 않아서 상대방의 말을 귀담아듣지 않는 사람도 있겠지만 그렇지 않은 사람도 있습니다. 듣는 사람의 입장에서 한번 생각해 봅시다. 말하는 사람의 목소리가 작으면 상대방은 제대로 듣기 위해 귀를 기울입니다. 하지만 노력에도 그 말을 끝까지 경청하기가 정말 쉽지 않아요. 에너지를 많이 들여야 하니까요. 중간중간에 "다시 한 번 말씀해 주시겠어요?"라고 되묻기도 한두 번이지요. 서로 민망해집니다.

그렇다면 작은 목소리의 원인은 무엇일까요? 심리적인 원인 때문일 수도 있지만 대체로 호흡법과 발성법을 제대로 배우지 않았기 때문입니다. 이를 배우면 심리적 원인을 해결하는 데에도 도움이 되기도 합니다. 대부분의 사람들이 흉식 호흡으로 말하는데요. 이 호흡법은 숨을 적게 확보하기 때문에 큰 목소리를 내기에는 호흡량이 부족해요. 똥배 복식 호흡법으로 바꾸면 호흡의 양을 늘릴 수 있습니다.

여기에 과녁 발성법을 함께 배우면 목이 편안해지고 또렷한 목소리를 낼 수 있지요. 목소리가 작아서 고민인 분들은 보통 이 과정을 100일만 연습해도 시원하게 목소리를 낼 수 있습니다.

복식 호흡이
잘 안 될 때는
어떡하나요?

처음에는 누구나 잘 안 되고 어색합니다. 이때 배 근육을 쓰면 훨씬 쉬워요.

사실 우리는 이미 복식 호흡을 잘합니다. 누워 있을 때를 떠올려 보세요. 바른 자세로 누워 숨을 들이마실 때는 배가 꼭 작은 산처럼 부풀어 오르고 숨을 내쉴 때는 배가 안으로 들어가 구덩이처럼 패입니다. 꼭 확인해 보세요. 그래도 잘 모르겠다면 잠을 자는 아기를 한번 관찰해 보세요. 아기의 배가 꼭 이렇습니다.

누워 있을 때는 누구나 복식 호흡을 잘합니다. 그런데 서 있거나 앉아 있을 때는 잘 안 됩니다. 숨을 마실 때마다 배가 밖으로 나오지 않고 자꾸 안쪽으로 들어가는 등 숨과 배의 움직임이 따로 노는 경우가 있지요. 이럴 때는 한 동작씩 따로 떼서 배 근육을 쓰며 연습하면 쉽습니다.

지금 함께 해 보겠습니다. 참고로 지금은 숨을 마시고 내쉬는 것을 전혀 신경 쓸 필요가 없습니다. 배에만 신경 쓰면 됩니다. 똥배가 나온 것처럼 앞으로 불룩하게 배를 내밀어 보세요. 배의 근육을 써서 앞으로 쭉 내밀 수 있습니다. 그다음 사이즈가 작은 바지를 입었을 때처럼 배를 홀쭉하게 만들며 몸 안쪽으로 넣어 보세요. 잘 되죠? 배를 내밀고 넣는 동작은 숨 없이도 가능합니다.

이 동작에 숨을 더해 봅니다. 코로 숨을 천천히 들이마시면서 배를 부풀리고 입으로 숨을 내쉬면서 부푼 배를 몸 안으로 당겨봅니다. 이 동작을 열 번만 반복해 보세요. 열 번째부터 숨을 마실 때는 배가 나오고 숨을 내쉴 때는 배가 꺼지는 똥배 복식 호흡법이 한결 부드럽게 될 것입니다.

똥배 복식 호흡은 전달력 있는 목소리의 가장 기초입니다. 때문에 이 동작부터 막히면 지레 포기하는 분들도 왕왕 있습니다. 하지만 한 동작이 잘 안 된다고 미리 낙담할 필요는 없습니다. 동작을 하나씩 뜯어서 해 보면 누구나 해낼 수 있어요. 똥배 복식 호흡법이 어느 정도 익숙해지면 과녁 발성법을 더 잘 해낼 수 있습니다. 호흡과 발성은 서로 영향을 주기 때문입니다. 기초를 탄탄히 익혀서 알찬 발성을 함께 만들어 갑시다.

목소리 톤이 너무 높아서,
목소리 톤이 너무 낮아서
고민이에요

가장 나다운 음역대를 찾으면 해결됩니다.

목소리 톤이 높으면 밝은 느낌을 줄 수 있습니다. 하지만 지나치게 높으면 목소리가 앵앵거려 듣는 사람은 귀가 피로해질 것입니다. 어떤 분들은 톤이 높아서 사람들에게 더 주목받지 않느냐고 하지만 그것은 한순간일 뿐 지속되지 않습니다. 실제로 톤이 지나치게 높은 지인이 있었는데요. 그 사람과 대화를 하면 '빨리 집에 가고 싶다'는 생각이 들 정도로 피로해졌습니다. 안타까운 점은 말하는 사람도 목이 잘 쉬어 아파했다는 것입니다.

반대로 목소리 톤이 낮으면 어떨까요? 안정감을 줄 수 있습니다. 하지만 지나치게 낮으면 공포감을 줄 수 있어요. 예전에 저를 찾아왔던 한 여성 수강생은 목소리 톤이 너무 낮아 고민이었습니다. 직장에서 전화를 받았는데 매번 남자냐는 오해를 받아 힘들었다고 했어요. 본인도 그러고 싶었던 게 아니었는데 말이지요.

이럴 때는 가장 자기다운 목소리 톤을 찾는 것이 좋습니다. 사람마다 타고난 톤, 즉 자기만의 음역대가 있어요. 쉽게 말해 도, 레, 미, 파, 솔, 라, 시, 도와 같은 나만의 계이름이 있다고 생각하면 됩니다. 제 경우에는 어떤 톤을 타고났을까요? 피아노 건반의 가장 중간에 있는 도, 레, 미입니다. 이 음역대로 말하면 목이 편안하고 제 옷을 입을 것처럼 나답게 말할 수 있어요. 사람들도 지금의 제 톤이 제게 가장 잘 어울린다고 말하고요.

예전에는 저의 톤을 몰라서 무작정 좋게 들리는 연예인의 목소리를 따라 했던 적도 있었지요. 어느 날은 높게, 어느 날은 낮게. 마치 다른 사람의 옷을 입은 것처럼 제게 어울리지 않았고 성대에 무리가 왔답니다. 톤을 올리고 내릴 때 우리는 성대를 움직이게 되는데요. 지나치게 톤을 올리면 성대도 지나치게 움직여서 무리하게 되지요. 반대의 경우도 마찬가지입니다. 성대는 근육으로 구성돼 있어 움직임이 많을수록 지칩니다. 따라서 자기 톤으로 말을 하면 목이 편안해지고 가장 잘 어울리는 톤으로 말할 수 있게 됩니다.

가장 자기다운 톤을 찾는 방법은 1단계에서 자세하게 다뤘으니 확인해 보세요.

말을 많이 하면
목이 금방 쉬고
힘들어요

　자신의 톤으로 건강한 발성법을 익히면 말을 많이 해도 목이 편해요.

　목은 왜 쉬는 걸까요?《속 시원하게 풀어보는 이비인후과 질환》의 저자이자 전문의 안회영 씨에 따르면 '무리한 발성'이 원인이라고 합니다. 무리한 발성이 습관이 된 채 시간이 지나면 성대 결절과 성대 폴립 등 목 질환에 걸릴 수도 있습니다. 병원에서 치료나 수술을 받아도 병이 재발되는 경우가 허다합니다. 병의 원인인 잘못된 발성을 지속하기 때문이지요. 따라서 목을 쉬게 하는 잘못된 발성을 바로잡는 것이 근본적인 해결책입니다.

　참고로 성대 결절은 높은 음을 내며 목에 과도하게 힘을 주고 소리를 낼 때 걸리기 쉽습니다. 주로 교육인이나 가수, 상담사, 관광 가이드 같은 직업인에게서 볼 수 있지요. 특히 교육인의 경우 학생들이 자기 말에 주목하기를 바라며 목소리를 과도하게 높이다가 병에 걸립니다. 한편 성대 폴립은 낮은 음을 내면서 성대에 과도한 힘을 주면 생기기 쉽습니다. 즉 두 경우 모두 발성법 교정이 필요하지요.

교육업에 종사하는 한 수강생은 제게 목에 좋은 각종 사탕의 효과를 물어봤어요. 물론 작은 도움이 될 수 있지만 발성법을 개선하지 않는 이상 쉰 목소리는 언제고 또 재발할 수 있습니다. 재발한 병을 방치하면 계속 목이 상하고 업무에 지장이 생기는 악순환이 반복됩니다.

반면 물을 자주 마셔서 성대의 점막을 촉촉하게 만들어 주는 것은 큰 도움이 됩니다. 그러나 카페인에는 성대의 점막을 메마르게 하는 성분이 들어 있어 평소 카페인이 듬뿍 들어간 커피를 마신다면 디카페인 커피를 마시는 것도 좋은 습관이라 할 수 있지요. 카페인이 들어 있지 않은 차 종류도 많고요.

또한 발성법을 제대로 익히지 않는 상태에서 소리를 지르는 행위는 삼가야 합니다. 한 수강생은 청소년 때 야구팀을 응원하면서 괴성을 지르다가 쉰 목소리가 아직까지 사라지지 않게 됐다고 합니다. 성인이 돼서야 개선하게 된 경우도 있습니다.

웅얼거리는 발음을 고치고
아나운서처럼 또박또박
말하고 싶어요

입을 크게 벌리고 각 발음마다 정확한 방법으로 소리 내면 해결됩니다.

어떤 방송인이 라디오를 진행하다가 '선물 교환'의 '교환'을 [고환]이라고 말했다는 이야기에 웃음이 터진 적이 있습니다. 어떤 정치인은 "제주도를 관광 도시로 만듭시다!"라고 연설하는 자리에서 부정확한 발음 때문에 제주도를 [강간 도시]로 만들자고 해 몇 년째 회자되고 있습니다. 이처럼 발음이 정확하지 않으면 전달에 큰 오류가 생길뿐더러 낯 뜨거운 일이 벌어질 수 있습니다.

물론 누구나 발음을 틀릴 수 있고 처음 몇 번은 웃으며 넘어갈 수 있습니다. 하지만 공적인 자리나 중요한 자리에서 발음 실수가 반복되면 신뢰감이 떨어집니다. 예컨대 발음을 많이 틀리는 단어 '기관'을 [기간]이라고 읽었다면 어떨까요? 앞뒤 문맥을 모두 파악한 청중이라면 의도를 이해할지도 모릅니다. 하지만 이해하지 못한 청중이 있을 수도 있습니다. 이것을 청중의 탓으로 돌릴 수는 없을 것입니다.

소통에 이렇게나 중요한 발음은 어떻게 만들어지는 것일까요? 각 발음은 혀와 턱, 입술 등의 위치가 달라지면서 생깁니다. 즉 위치를 정확하게 알지 못해 부정확한 발음이 나오는 것이지요. 다시 말해 제대로 알고 연습하면 발음을 개선할 수 있습니다.

가장 빠르게 발음을 개선하기 위해서는 자주 틀리는 발음이 무엇인지 아는 것이 시작입니다. 앞서 '기관'을 [기간]이라고 발음한 것은 어떤 발음이 안 됐기 때문일까요? 바로 'ㅘ' 발음입니다. 그래서 '관'을 [간]이라고 말한 것이지요. 우선 '와' 발음이 익숙해지도록 'ㅘ'가 들어간 단어나 문장으로 연습을 해 봅니다. 그러다 보면 어느새 입에 익게 됩니다.

아나운서와 일반인의 발음에서 가장 차이가 큰 발음은 'ㅏ'입니다. 무슨 말이냐고요? 누군가 맛있는 쌈밥을 싸서 입에 넣어 준다고 상상해 보세요. 입을 크게 벌리죠? '아' 발음은 그렇게 크게 해야 합니다. 입을 크게만 벌려도 발음 자체가 명료해집니다.

말의 속도가 너무 빨라서,
말의 속도가 너무 느려서
고민이에요

아나운서의 끊어 읽기 스킬을 통해 여유로운 속도로 말할 수 있어요.

말의 속도가 너무 빠르면 듣는 사람은 마치 도로를 질주하는 과속 차량을 보듯 불안해집니다. 보통 이렇게 말이 빠른 분들은 마구 뱉어 내듯 말하기 때문에 본인이 무슨 말을 했는지도 잘 기억하지 못할 때가 있습니다. 그래서 말실수도 잦지요.

반면 말의 속도가 너무 느리면 어떨까요? 듣는 사람은 나무늘보를 볼 때처럼 답답해집니다. 발표 준비가 모자라다는 오해를 사기도 합니다. 속도가 느려 말의 전체적인 맥락이 뚝뚝 끊기기도 합니다. 즉 말의 속도가 빠르거나 느리다면 나와 상대방 모두를 위해서 적정 속도를 익힐 필요가 있지요.

그렇다면 가장 듣기 좋은 속도는 어느 정도일까요? 뉴스 앵커가 뉴스를 전할 때의 속도를 떠올려보세요. 뉴스는 시청자가 출근할 때나 설거지할 때 같은 일상생활에서도 잘 전달되도록 속도를 맞추는 방송 장르입니다. 그러니 듣기 좋은 속도의 기준을 잡고 싶을 때는 뉴스를 청취해 보세요. 바로 감을 잡을 수 있을 것입니다.

여유로운 속도로 말하고 싶은데 그러지 못하는 이유는 크게 세 가지가 있습니다. 첫째, 지나치게 긴장했기 때문입니다. 평소에는 괜찮아도 무대에만 서면 긴장도가 지나치게 올라가 속도가 빨라지는 경우가 많습니다. 둘째, 제한 시간보다 말의 내용을 많이 준비했을 때입니다. 준비한 것을 다 말하려고 하니 속도가 빨라지는 것이지요. 셋째, 자랄 때의 양육 환경이나 성격 등의 영향 때문입니다. 느긋하거나 급한 성격의 영향을 받아서 말의 속도가 여유로워지지 못하는 것입니다.

각각의 원인에 대한 해결책은 3단계 속도 편에서 상세히 정리했습니다. 참고로 복식 호흡, 발성, 발음을 같이 배우면 시너지 효과가 발휘되면서 훨씬 여유로워집니다. 여유로운 속도로 마음의 여유도 되찾기를 바랍니다.

사투리 억양이 과해서
직장 생활이
힘들어요

사투리와 표준어의 장점을 골라 쓰는 방법을 추천합니다.

사투리 억양이 강해서 직장 생활 중에 곤란한 상황을 겪는 분들을 뵙고는 합니다. 심지어 '상스럽게' 여기는 사람들도 있다는 하소연도 들었습니다. 저 역시 서울에서 사투리를 쓰면서 무시당했던 기억이 있기에 이분들의 고민을 잘 알고 있습니다. 물론 이것은 사투리를 무시하는 상대방의 문제이기는 합니다. 하지만 사투리와 표준어가 사람들에게 보통 어떤 느낌을 주는지는 알 필요가 있습니다.

우선 분명히 말하자면 사투리는 절대 문제가 아닙니다. 또한 표준어보다 못한 말도 아닙니다. 사투리는 사투리고 표준어는 표준어일 뿐 말에는 우월함이 없습니다. 각각의 장단점이 있을 뿐입니다.

대한민국은 서울에서 쓰는 서울말을 표준어로 지정하고 있지요. 표준어는 교육적·문화적으로 한 나라의 표준이 되는 말이기에 전 지역을 아우를 수 있어요. 이는 큰 장점입니다. 또한 말에는 문화가 담겨 있습니다. 표준어는 대한민국 수도인 서울에서 쓰는 말이기에 가장 크게 발전한 도시의 문화가 담겨 있습니다. 그래서 더욱 세련되게 느껴집니다. 대신 친근하고 구수한 느낌은 덜하지요.

반면 사투리는 지역 고유의 말로, 해당 지역민에게 친근하게 다가갈 수 있다는 장점이 있습니다. 구수하기도 하지요. 또한 지역에서 나고 자라 사투리를 쓰는 사람이라면 입에 익은 말이기 때문에 구사하기도 편합니다. 한편 지나친 사투리 억양은 타 지역 사람들이 듣기에 화가 났다는 오해를 사기도 쉽습니다. 표준말의 세련미를 주기에 어렵고요.

그럼 어떻게 하는 것이 좋을까요? 제 경우에는 각각의 장점을 살려서 사투리를 마치 제2외국어처럼 사용합니다. 가족이나 친구들과 함께할 때는 사투리를 잘 씁니다. 해당 지역민을 대상으로 말할 때 그 지역의 사투리를 쓰기도 합니다. 지역 사람이 모인 무대에 서면 친근함을 주기 위해서 성대모사처럼 잠깐씩 사투리를 쓰기도 합니다.

성인인데 아이 같은
말투를 써서
애 취급을 당해요

아나운서의 신뢰감 있고 우아한 말투를 배우면 사회생활에 유용합니다.

아이 같은 목소리란 어떤 목소리를 말할까요? 초등학교 1학년 아이들이 자기소개를 할 때를 떠올려 보세요.

어린이 억양:

"얘들↓아↑ 반↓가워↑. 우↓리↑ 친하게↑ 지내↓자↑"

성인의 억양 :

"애-들아~ 반-가-워. 우리 친하게 지내자~"

어린이 같은 말투를 소위 '아투'라고 합니다. 아투는 억양이 과도하게 오르락내리락합니다. 반면 선생님 같은 말투는 억양이 점잖고 부드러우면서도 힘 있지요.

가족, 연인, 친구 등 가까운 사이에서는 아이 같은 목소리로 말한다고 해도 이해할 것입니다. 때로는 재미 요소가 될 수도 있겠지요. 하지만 사회생활, 면접 등의 상황에서 아이같이 말하면 본인에게 득 될 것이 없습니다. 보통 직장 생활은 일로 이뤄지는데요. 직장에서는 각자 맡은 일을 책임감 있게 해내는 것이 무엇보다 중요합니다. 그런데 아이 같은 말투를 쓰는 신입 사원을 보면 염려가 되지요. '저 사람에게 일을 맡겨도 될까?', '아이처럼 징징거리면서 남에게 떠맡기지 않을까?' 하는 염려 말입니다.

물론 아이 같은 말투로 말한다고 해서 신뢰감 없는 사람이라고 단정 지을 수는 없습니다. 만약 일을 잘 처리하는 사람임에도 말투 때문에 오해를 받는다면 억울하지 않을까요? 일을 잘하지 못할 것 같다는 편견을 심게 된다면 속상하지요. 실제로 책임감 있게 일을 해내는 사람이라면 오해를 받는 일은 없어야겠지요. 자세한 방법은 4단계 억양 훈련을 참고해 주세요.

코맹맹이 소리가
과해서 듣기
부담스럽대요

목소리가 나아가는 방향과 톤을 교정하면 한결 좋아집니다.

코맹맹이 소리, 일명 '콧소리'라고 부르지요. 적당한 콧소리는 매력 있고 애교스럽게 들립니다. 방송인 현영 씨의 경우 매력 있는 콧소리로 내비게이션 녹음도 진행해 인기를 끌기도 했지요. 운전하다가 잠이 올 때 목소리를 들으면 잠이 확 깬다는 장점도 있었던 것이지요. 그래서 콧소리, 즉 비음 자체가 문제는 아니라고 생각합니다.

하지만 지나치면 문제가 될 수 있습니다. 보통 콧소리는 고음을 동반하는데, 높은 음으로 코가 막혀 있는 소리를 계속 들으면 상대방은 금방 피로해집니다. 처음 잠깐은 높은 음으로 사람들의 이목을 끌 수도 있습니다. 하지만 지속되기는 어렵지요.

실제 그런 분을 본 적이 있습니다. 안타까운 점은 본인도 콧소리를 고치고 싶어 하고 그동안 스트레스도 많이 받았다는 것입니다. 자신이 아무리 진지하게 말해도 사람들이 진지하게 받아들이지 않는다며 속상해했어요. 이럴 때는 크게 두 가지 방법으로 교정이 가능합니다.

첫째, 목소리가 나아가는 방향을 바꾼다

보통 콧소리가 과한 사람들은 소리의 방향을 코 쪽으로, 즉 위로 올리며 말하는 경향이 있습니다. 그래서 소리가 막히고 음도 높게 올라갑니다. 이때 소리를 정면을 향해 쭉 내보내거나 아래를 향해 내리면서 말해 보세요. 코 울림이 한결 나아지면서 담백한 목소리가 나올 것입니다.

둘째, 나에게 가장 잘 맞는 톤을 찾는다

앞서 말했듯 코맹맹이 소리는 보통 고음을 동반합니다. 날 때부터 고음으로 타고난 사람도 있겠지요. 하지만 스피치 교육을 해본 결과 보통 자신의 톤보다 더 높게 말하는 경향이 있었습니다. 이 상태로 말을 많이 하면 목도 잘 쉬었고요. 따라서 자신에게 잘 맞고 목이 편안한 톤을 찾는 것이 중요합니다. 목소리가 과하게 저음인 경우에도 마찬가지로 자신의 톤을 찾아보세요.

말끝을 흐려서
자신감이 없어
보인대요

사람과 사람이 만나면 가장 먼저 하는 말이 있습니다.

"안녕하세요!"

여러분은 어떻게 인사하나요? 인사는 특히 직장 생활을 할 때 참 중요합니다. 첫인상으로 이미지가 좌우되기 때문입니다. 알찬 목소리로 자신감 있게 인사하는 사람은 일처리도 잘 해낼 것 같은 이미지를 줍니다. 반면 말끝을 흐리면서 인사하면 어떨까요? 끝으로 갈수록 목소리가 기어들어 간다면 영 미덥지 못합니다. 일을 잘 마무리하지 못할 것 같은 이미지를 주지요. 특히 첫인상에 많은 것이 좌우되는 거래처 미팅 같은 상황에서는 불리하게 작용합니다. 믿고 일을 맡기기에 불안해집니다.

저 역시 말끝을 흐리는 습관이 있었습니다. 성인이 돼서도 말끝을 흐리면서 인사했습니다. 저를 안타깝게 본 지인들이 제게 쓴소리를 하기도 했습니다. 자신감 있게 인사하라고요. 그런데 도통 방법을 몰라서 답답했습니다. 그러나 본격적으로 아나운서라는 직업을 준비하면서 여러 스킬을 배우고 아나운서 일을 하면서도 계속 스피치에 대해 연구를 한 끝에 방법을 알 수 있었습니다. 말끝을 야무지게 처리하려면 크게 두 가지 방법을 쓰면 됩니다.

첫째, 계단식 서술

예를 들어 '말했습니다'라는 서술어를 야무지게 처리하기 위해서는 계단을 한 칸 한 칸 내려오듯이 처리해서 읽는 것입니다. 이러한 스킬을 뉴스 앵커들에게서 잘 찾아볼 수 있습니다. 정돈된 느낌과 함께 신뢰감을 줄 수 있지요.

둘째, 물결식 서술

예를 들어 '했어요'라는 서술어를 따뜻하고 부드러운 느낌으로 전하고 싶다면 물결식으로 말하면 됩니다. 맨 끝 글자 '요'에서 부드러운 물결을 타는 듯한 억양으로 말하는 것이지요. 더욱 자세한 방법과 실습은 4단계 억양 훈련에서 확인 바랍니다.

딱딱한 말투 때문에 쌀쌀맞다고 오해받아요

따뜻한 마음이 전달되는 친절한 말투를 배워 보세요.

나의 진심을 사람들이 알아준다면 얼마나 좋을까요? 하지만 타인의 마음을 읽을 만큼 해석 능력이 좋은 사람은 드뭅니다. 긴 시간 만날 수 있다면 다행히 오해를 바로잡을 수 있습니다. 하지만 첫 만남으로 승부를 봐야 하는 거래 상황에서 오해를 받으면 일이 꼬이기 마련이지요. 아무리 내 마음이 따뜻하고 진정성 있다고 한들 딱딱한 말투로는 마음을 전하기 힘듭니다.

다음 문장을 소리 내서 읽어 보세요.

반갑습니다.

반갑습니다~

녹음해서 들으면 더더욱 좋습니다. 차이를 눈치 챘나요? 딱딱
하게 말하는 사람은 서술어 '~했다'에서 뚝 단절되는 느낌을 줍니
다. 이런 특징 때문에 쌀쌀맞다고 오해받는 것이지요. 이는 특히
경상도 사투리를 쓰는 사람들의 고충이기도 합니다. 이런 경우에
는 서술어나 조사에서 말투를 살짝 늘여 따뜻한 느낌을 주는 것
이 좋습니다. 마지막 글자를 조금 더 늘여 주는 것이지요. 또는
앞부분에 추임새를 넣는 것도 좋아요. 훨씬 자연스럽고 부드럽게
전해질 것입니다. 예를 들면 이렇게요.

아~! 반갑습니다아~

어떤 사람은 이를 두고 가식을 떠는 것 같다고 하더라고요. 거
짓으로 말하라는 것이 아닙니다. 마음이 말투를 따라간다는 사실
을 알고 있나요? 따뜻하고 친절한 말투로 말하면 마음도 더 따뜻
하고 여유로워집니다. 예를 들면 "감사합니다"라고 말할 때 마음
에 감사한 에너지를 가득 담아서 전하는 것이지요. 가식이 아니
라 진심으로요. 다시 말해, 진심을 조금 더 효과적으로 전하는 수
단이라고 보시면 좋겠습니다. 이 스킬도 4단계 억양 훈련에서 자
세히 다뤘으니 참고하며 연습하시기를 권합니다.

제가 말하면
하품을 하며
지루해해요

생동감을 주는 아나운서의 핵심 단어 강조법과 성우의 연기법을 배워 보세요.

예전에 한 배우가 포털 사이트의 실시간 검색 순위에 올랐던 적이 있습니다. 이유인즉 로봇처럼 부자연스럽게 연기를 했기 때문인데요. 다시 말해 지루하고 밋밋하게 말했다는 것이지요. 포털 사이트에 해당 연예인을 검색하면 '로봇'이라는 단어가 붙어 있기도 합니다.

어릴 적 교장 선생님의 훈화를 한번 떠올려 보세요. 분명 피가 되고 살이 되는 좋은 내용이지만 음성이 단조롭다 보니 계속 듣다 보면 지루해집니다. 그래서 조회 시간이 끝나면 운동장 여기저기에 구덩이가 패여 있어요. 지루함을 참지 못한 학생들이 발로 장난을 친 흔적이지요.

아나운서들은 말할 때도 마치 음악을 들려주는 것처럼 생동감 있게 강조법을 구사합니다. 문장 안의 중요한 단어를 파악한 후 여러 가지 강조 스킬로 읽는 것이지요. 음을 높이면서 큰 소리로 읽기, 음을 낮추면서 작은 소리로 읽기, 천천히 콕콕 짚어 가며 읽기, 꾸며 주는 말에서 늘리며 읽기, 가장 중요한 단어가 나오기 직전에 숨죽이며 읽기 등 다양한 방법을 구사한답니다.

성우의 목소리 연기법도 좋은 방법입니다. 성우가 더빙한 영화를 볼 때 그들의 음성만으로도 여러 감정을 느낄 수가 있지요? 바로 목소리에 감정을 넣어서 말하기 때문입니다. 같은 단어도 다른 감정으로 말하면 뜻이 완전히 다르게 전해지고는 합니다. 감정 없이 밋밋하게 읽어 내려가며 말하는 것과는 차원이 다르지요.

아나운서의 핵심 단어 강조법과 성우의 목소리 연기법을 함께 쓰면 지루해질 틈이 없습니다. 일반인이 말할 때와 방송인이 말할 때의 큰 차이는 여기에서 나타납니다. 물론 여기에 말의 내용까지 좋다면 더 집중할 수 있고요.

대본을 아무리 외워도
발표만 시작하면
할 말이 떠오르지 않아요

문장 전체를 달달달 외우면 까먹습니다. 말술사의 암기법을 배워 보세요.

제대로 외우지 못하면 자꾸만 시선이 원고를 향하게 됩니다. 고개를 푹 숙이게 되고 청중은 발표자의 정수리만 보게 되지요. 또는 PPT 화면에 눈을 고정하게 돼서 청중에게 뒤통수나 옆모습을 자주 보여 주게 될 것입니다. 듣는 사람의 입장에서는 발표자의 얼굴을 잘 볼 수 없어 금방 지루해지고 몰입이 안 됩니다. 그러면 발표자가 자신감 있어 보이기는 힘들겠지요? 또한 발표자 스스로도 자신 있게 발표하기가 어려워집니다.

왜 외우지 못하는 걸까요? 토씨 하나 빠짐없이 모두 외우려고

하기 때문입니다. 완전히 통으로 외우기란 어려운 일이고 마음에 부담이 됩니다. 외웠다고 하더라도 외운 것을 말하느라 로봇처럼 부자연스럽게 말하게 됩니다. 얼굴에 긴장감이 가득해지지요. 틀릴까 봐 마음이 조마조마하니까요. 그러다가 조금만 틀려도 머릿속이 뒤죽박죽 엉키면서 위축됩니다.

저 또한 그런 시절이 있었습니다. 매일 외워야 할 방송 원고는 산더미인데 스트레스가 이만저만이 아니었어요. 특히 생방송을 앞둔 날이면 긴장이 많이 됐습니다. 원고를 외우지 못해서 방송 사고가 날까 봐요. 물론 방송국에는 프롬프터가 있습니다. 하지만 이 기계에 의존하는 것도 사실 문제가 될 수 있습니다. 기계가 고장 나면 결국에는 자신이 외운 대로 말해야 하니까요. 이대로는 안 되겠다고 판단한 저는 시행착오 끝에 결국 효과 좋은 암기법을 스스로 터득했습니다.

방법은 이렇습니다. 외워야 할 원고의 내용을 크게 삼등분합니다. 첫말, 중간 말, 끝말로요. 그리고 각 부분의 내용을 간단히 요약, 정리 합니다. 이후에는 핵심 단어에 동그라미를 칩니다. 정리해 놓은 핵심 단어만 뽑아서 연습을 하는 방법입니다. 이렇게 외우면 전체적인 흐름이 머릿속에 들어옵니다. 어떤 상황에서도 머리가 하얘지지 않지요.

자세한 방법은 6단계에 적어 뒀으니 꼭 배워 보시기를 바랍니다. 똑똑하게 외워서 멋지게 발표할 여러분을 응원합니다.

발표를 앞두면
지나치게 긴장해서
청심환을 먹어요

저도 예전에 발표할 때마다 얼마나 긴장했는지 모릅니다. 평소 친구들과 대화할 때는 아무렇지 않다가 발표만 하면 식은땀이 났어요. 초등학생 때는 선생님이 앞에 나와 발표할 사람을 찾으면 눈을 마주치지 않기 위해 바닥만 쳐다봤습니다. 그러다 선생님에게 지목되면 너무 긴장해서 심장 뛰는 소리가 귓전에 울릴 정도였답니다. 손발이 차가워졌고 어떤 날은 발표하면서 울기도 했어요. 저는 이 문제를 세 가지 방법으로 해결했습니다.

첫째, 긴장하는 원인을 제대로 파악한다

긴장했다는 것은 '잘하려고 애쓴다'는 몸의 신호입니다. 이를 몰랐던 어린 시절에는 긴장이 곧 '발표를 망친다'는 결과와 같다고 잘못 인식해 긴장하면 발표를 하고 싶지 않아서 내내 피했습니다. 여러분도 이제는 새롭게 인식해 보세요. 긴장은 잘 해내려고 내 몸이 최선을 다하는 상태입니다. 준비 자세인 것이지요. 또한 긴장하면 좋은 점도 있어요. 능력치를 최대로 올릴 수 있거든요.

둘째, 심호흡을 길게 한다

심장이 뛰고 초초해지면 우리는 쉽게 위축됩니다. 심장이 여유를 찾을 수 있도록 몸에 숨을 불어넣어야 해요. 실제로 숨을 깊게 마시고 깊게 내쉬면 심장 박동이 안정을 찾습니다. 이때 이미지 트레이닝을 같이 해 보세요. 긍정적인 기운은 들어오고, 발표에 대한 걱정은 숨과 함께 나간다고요. 저는 발표를 앞두면 열 번 정도 심호흡을 하면서 여유를 찾습니다. 마치 조용한 클래식을 들을 때처럼요.

셋째, 익숙해질 때까지 연습한다

발표가 어색한 것은 연습이 충분하지 않았기 때문입니다. 저는 보통 중요한 발표를 앞두고 집에서 최소 열 번은 연습합니다. 이때 발표 날 입을 옷까지 완전히 차려입고 제 모습을 촬영한 뒤 모니터링을 합니다. 이렇게 하면 실제 발표 현장에서는 11번째 발표가 됩니다. 마음이 훨씬 편안해지면서 실수가 줄어들지요.

사람들 앞에서 말할 때면 차렷 자세로 얼어붙어요

생방송처럼 긴장되는 상황에서도 쓸 수 있는 아나운서의 몸짓을 배워 보세요.

창업자가 발표를 하고 투자를 받아 내는 '피칭(Pitching)'과 같이 중요한 무대에서 차렷 자세로 얼어붙은 채 발표하는 사람을 많이 볼 수 있습니다. 투자금을 많이 받는 발표자일수록 몸짓, 즉 제스처에 아주 여유가 있어요. 투자자들도 발표를 통해 그들의 여유를 느끼는 것입니다. 이처럼 제스처는 '보이는 말'입니다. 제스처를 통해서도 뜻을 전할 수 있기 때문입니다.

평상시 말할 때 몸짓을 잘 쓰는 사람도 유독 발표 무대에 올라가면 얼어붙고는 합니다. 왜일까요? 세 가지 이유가 있습니다.

첫째, 과도하게 긴장한다

이에 대한 해결책은 바로 앞의 질문에서 얻을 수 있습니다.

둘째, 무대에서 쓰는 제스처를 따로 배운 적이 없다

뉴스를 진행하는 앵커와 아나운서도 전문가처럼 제스처를 사용하기 위해 배우고 익힙니다. 시청자가 더 쉽게 말을 이해할 수 있게 하기 위함입니다. 또한 제스처를 곁들이면 앵커 스스로도 훨씬 여유롭게 말할 수 있습니다.

셋째, 제스처를 쓰는 것이 점잖지 않다고 생각한다

이것은 잘못된 생각입니다. 만약 제스처가 볼썽사나운 것이라면 많은 사람의 눈길이 모이는 뉴스에서도 쓸 수 없었을 것입니다. 대통령도 차렷 자세로 연설해야만 했겠지요. 하지만 그렇지 않잖아요. 오히려 선진국의 영향력 있는 사람일수록 적극적이고 깔끔한 제스처로 사람들의 눈길을 사로잡습니다. 전 미국 대통령 버락 오바마, 애플의 창업자 스티브 잡스의 연설을 보세요.

발표에 유용하게 쓰이는 제스처를 6단계 자세 훈련에 정리했습니다. 전문가의 제스처를 배워 중요한 자리에서도 여유로운 몸짓으로 말을 이어 가 보세요. 여러분은 훨씬 빛날 것입니다.

내성적인 사람도
아나운서처럼 자신 있게
발표할 수 있을까요?

훈련을 통해 여러분 안에 잠든 자신감을 깨우면 얼마든지 가능합니다. '자신감'이란 무엇일까요? 국어사전에서는 '자신이 있다고 여겨지는 느낌'이라고 적혀 있습니다. 즉 자신의 능력이나 가치를 확신하는 것이지요. 그렇다면 '발표 자신감'은 자신의 발표 능력에 대한 확신이라고 말할 수 있겠습니다. 선천적으로 발표 능력을 타고난 사람도 있겠지만 이는 소수이고 대부분 성장을 통해 이 능력을 키웁니다. 발표를 잘하는 능력도 연습을 통해서 길러지는 것입니다.

제가 바로 그런 경우입니다. 저는 어린 시절 무대 공포증, 개미 목소리, 사투리 등 불리한 조건들을 갖고 있었습니다. 내성적인 면도 있었고요. 그럼에도 아나운서라는 꿈을 이뤘지요. 돌이켜 보면 자신감은 이미 제 마음속에 있었습니다. 전문적인 훈련을 통해 제 안에 잠든 자신감을 깨우기만 하면 됐어요. 물론 그 과정에서 여러 시행착오를 겪었습니다. 누군가는 실패라고 부르겠지만 저는 경험이었다고 생각합니다. 이를 통해 얻은 소중한 노하우를 정리해서 이 책에 아낌없이 담을 수 있어 행복하고요.

여러분은 저보다 훨씬 쉽게 이 과정을 하나씩 밟아 나가면 됩니다. 제가 상세히 정리해 뒀으니까요. 다만 한 가지 당부하고 싶습니다. 발표할 때 실패를 두려워하지 마세요. 물론 두려운 마음이 들겠지만 그때마다 마음을 잘 다독이고 다시 시도해 보세요. 실패 없이는 앞으로 나아갈 수 없기 때문입니다. 단 한 번에 멋진 발표를 해내는 사람은 그 누구도 없을 거예요. 여러분이 TV에서 보는 아나운서들도 연습을 통해 만들어진 사람들입니다.

세상에 그냥 얻어지는 것은 잘 없지요? 운전면허도 연습을 해야 딸 수 있고, 다이어트에 성공하려면 몸을 움직이고 식단 조절을 해야 합니다. 발표 자신감도 마찬가지입니다. 일상에서 자투리 시간을 만들어 연습해 보세요. 스마트폰의 카메라를 켜고 발표 연습을 시작하세요. 카메라와 얼굴을 마주하며 3분간 일기를 촬영해도 좋습니다. 처음에는 어색해도 어느새 카메라와 사람들 앞에서 하는 발표가 자연스러워질 것입니다. 저는 그렇게 이겨 냈어요. 제가 했다면 여러분도 충분히 해낼 수 있습니다.

진흙이 없으면
연꽃도 없다

"역경을 이겨 내고 피어난 꽃이 제일 아름다운 꽃이니라."

디즈니 애니메이션 〈뮬란〉에 나온 명대사입니다. 여러분도 이 책을 통해 스피치 흑역사를 거름 삼아 말하기 자신감의 꽃을 피우시기를 바랍니다. 흑역사를 겪으면 물론 당시에는 창피합니다. 하지만 그것을 엉망진창인 진흙으로만 두지는 않으시기를 바랍니다. 아름다운 연꽃도 진흙이 있기에 피어나니까요. 어쩌면 진흙은 소중한 경험일지도 모릅니다.

그리고 말하기 기술 6단계를 통해서 자신을 사랑하는 힘을 기르시기를 바랍니다. 자신이 정말 원하는 것이 무엇인지 내면의 목소리를 듣고 용기 있게 목소리 내는 삶을 살아 보시기를 바랍니다.

작은 씨앗이 싹을 틔워 곧은 줄기를 세우고 잎을 내고 꽃으로 피어나는 모든 과정을 응원합니다. 전달력 있게 말하는 기술을 배우고 자신만의 꽃을 피운 분들의 소식을 기다리고 있겠습니다. 함께 차 한 잔 마시며 이야기꽃을 피울 수 있다면 이 책을 쓴 보람이 있겠습니다. 훗날 꽃을 피운다면 작은 꽃잎 하나 전해주시기를 바랍니다.

참고 문헌

· 〈교사의 목소리 매체에 대한 학생의 감정적 반응 및 선호하는 교사 목소리의 특질〉, 신나민·이정훈, 한국교육공학회, 교육공학연구 25권 4호, 2009
· 〈긴 강의발성으로 인한 쉰 목소리의 회복에 관한 연구〉, 예술인문사회 융합 멀티미디어 논문지 제8권 제9호, 2018
· 〈당대 대표 관상가로 꼽히는 신기원 씨가 말하는 관상〉, 이길성, 조선일보, 2013
· 《대통령의 말하기》, 윤태영 지음, 위즈덤하우스, 2016
· 《루이스 헤이의 나를 치유하는 생각》, 루이스 L. 헤이 지음, 강나은·비하인드 공역, 미래시간, 2014
· 《무크타르 마이의 고백》, 무크타르 마이 지음, 조은섭 옮김, 이룸, 2006
· 〈소중한 제 딸이 상담사예요…마음 전하는 LG유플 고객 센터 연결음〉, 박희진, 한국경제, 2017
· 《속 시원하게 풀어보는 이비인후과 질환》, 안회영 지음, 군자출판사, 2020
· 《우리, 편하게 말해요》, 이금희 지음, 웅진지식하우스, 2022
· 〈"콜센터 상담사 흡연율이 유독 높은 까닭을 아십니까"〉, 서혜미, 한겨레, 2022
· 《홀로서기 심리학》, 라라 E. 필딩 지음, 이지민 옮김, 메이븐, 2020
· 〈Voice pitch and the labor market success of male chief executive officers〉, William J. Mayew, et al. Evolution and Human Behavior 34(2013), 243-8p